G. von Orlich

Die Gustav Werner'schen Rettungsanstalten in Reutlingen

Auch ein Beitrag zur Lösung der sozialen Frage

G. von Orlich

Die Gustav Werner'schen Rettungsanstalten in Reutlingen
Auch ein Beitrag zur Lösung der sozialen Frage

ISBN/EAN: 9783743334304

Hergestellt in Europa, USA, Kanada, Australien, Japan

Cover: Foto ©Suzi / pixelio.de

Manufactured and distributed by brebook publishing software (www.brebook.com)

G. von Orlich

Die Gustav Werner'schen Rettungsanstalten in Reutlingen

Das vorliegende Schriftchen soll den Besuchern der auf dem Titelblatte genannten Anstalten als Leitfaden zur Orientirung über dieselben dienen und wünscht einen größeren Leserkreis mit einer einzelnen Thätigkeit auf dem Gebiete der „Inneren Mission" bekannt zu machen und ihm das Werk eines großen in unserm Zeitalter bedeutenden Mannes darzustellen, das des unermüdlichen und wahrhaft heldenmüthigen Menschenfreundes Gustav Werner in Reutlingen.

Eine organische Verbindung der Werner'schen Anstalten mit dem Central-Ausschusse der „Inneren Mission" gibt es nicht. In mehreren Grundsätzen unterscheidet sich selbst das Unternehmen des Süddeutschen Reisepredigers und Armenfreundes von dem Werke des hochgeehrten Gründers und Leiters der „Inneren Mission" in Nord-Deutschland. Dennoch kann man nicht läugnen, daß Gustav Werner's Thätigkeit eine Thätigkeit der „Inneren Mission" sei. Sie ist aus demselben Geiste hervorgegangen und verfolgt dasselbe Ziel, weil sie auf demselben Grunde ruht. Der Grund ist nämlich der Glaube, daß Christus der Retter der Verlorenen sei und daß Er uns zu Mithelfern an dieser Rettungsarbeit haben will, ja zu Nachfolgern in der aufopfernden Liebe für unsere Mitmenschen. So Er uns geliebt hat und sich zu unserer Erlösung hingegeben, so sollen auch Alle, die an Ihn glauben, sich zur Rettung der Verlorenen hingeben. Und hiermit ist auch das Ziel bezeichnet, nämlich: „Die Aufhebung der aus der Sünde und ihren Folgen hervorgehenden einzelnen Nothstände des Volkes durch das Wort Christi und die Handreichung brüderlicher Liebe", ja, die Verherrlichung des Christenthums und die Ausbreitung des Gottesreiches auf Erden durch die innere und äußere Erneuerung derjenigen Massen in der Christenheit, welche die Macht und Herrschaft der Sünde äußerlich und innerlich in's Verderben und in's Unglück gestürzt hat.

Ja, Gustav Werner's Werk ist „Innere Mission", und ganz besonders darf man von ihm sagen, daß er es ernstlich versucht hat, seine Wirksamkeit zur Lösung der socialen Fragen dienen zu lassen.

Als Reformator der socialen Verhältnisse unseres Jahrhunderts ist er nicht aufgetreten. Solche Prätentionen haben nur unruhige und auf die Dauer unfähige Leute. Mit dem Kleinsten hat er angefangen, aber Gottes Segen ruhte auf seinem Unternehmen, und die Verhältnisse gestalteten sich von selbst in der Art, daß sein Werk eine unstreitige sowohl religiöse als auch sociale Bedeutung nach kaum zwanzig Jahren erhielt.

Vom Jahre 1834 bis zum Jahre 1840 wirkte zu Waldorf, Oberamt Tübingen, ein damals 26jähriger Pfarrvikar mit feuereifriger Liebesthätigkeit zum Wohl der Gemeinde.

In Wirtemberg waren zu der Zeit die Geister mehr von den theologischen Streitigkeiten, welche die blühende neue Tübinger Schule und der berühmte Fr. Baur veranlaßten, als von den Bedürfnissen des leidenden Theils der Menschheit in Anspruch genommen. Die Religion hatte sich unter dem doppelten Einflusse des untergehenden biblischen Supranaturalismus der alten Tübinger Schule und des aufblühenden historischen Rationalismus der neuen immer mehr als eine Verstandessache gestaltet. Innerhalb der Kirche glaubte man seine gebührliche Pflicht gegen Gott und Kirche erfüllt zu haben, wenn man den Katechismus ordentlich gelernt hatte, die Bekenntnisse der Evangelischen Kirche annahm und vertheidigte, die heiligen Sacramente regelmäßig genoß und überhaupt ein ganz formelles Interesse für das Wohl der Kirche zeigte. Dennoch hatte sich in den einfachen Dörfern Wirtemberg's die alte Frömmigkeit unangetastet erhalten. Wenn die Leiter der Kirche ihre Aufgabe vergessen, wenn, anstatt Muster des christlichen Wandels, anstatt mittelbare Quellen des ewigen Lebens für die Seelen zu sein, sie nur dazu helfen, daß die christliche Kirche allmälig verknöchert und versteinert, dann treten wie vor 1800 Jahren Zimmerleute, Fischer, Zöllner hervor und machen einen neuen Anfang.

So geschah's in Wirtemberg. Der Einfluß Bengel's, Michael Hahn's und anderer Männer Gottes war aus dem gemüthlichen, biederen Schwabenvolke noch nicht verschwunden, das Salz war noch nicht überall dumm geworden. Der neue Wirtembergische Pietismus war es, der die Kirche wieder belebte.

Aber der Pietismus ist nicht die vollkommene Gestalt des Christenthums. Frömmigkeit, innerliches Leben, christliche Gemeinschaft sind wichtige Momente des christlichen Lebens, sie sind aber nur Seiten desselben, ja sie sind Voraussetzungen, wir möchten fast sagen Mittel, um zu einer höheren Stufe unseres christlichen Lebens auf Erden zu gelangen, welche Stufe wir nicht anders nennen können als die aus dem Glauben an Jesum Christum und aus der von diesem Glauben geborenen Liebe ausgehende Thätigkeit.

Diese Thätigkeit für das Reich Gottes kann sich verschieden gestalten. Die Einen werden ihre tagtägliche Pflicht im Familien- und Berufsleben treu erfüllen und durch die Predigt des Beispiels ihre Thätigkeit für das Reich Gottes erweisen. Andere werden die Heidenwelt mit Erbarmen ansehen und sich gedrungen fühlen, den armen unter dem Joche des Irrthums und der Sünde liegenden Völkern das Evangelium des Heils zu predigen. Noch Andere werden durch die vielfachen Nothstände ihres eigenen Volkes zum Erbarmen gebracht, ihre Bestrebungen darnach richten, die Werke der Liebe und der Wohlthätigkeit in ihrer eigenen Heimath zu erfüllen.

An Missionaren hat es in Wirtemberg nicht gefehlt. Es ist erwiesen, daß kein Land im Verhältniß zu seiner Bevölkerung deren mehr geliefert hat. In dieser Beziehung kann man dem Vorwurfe nicht beistimmen, den Gustav Werner seinen Landesgenossen gemacht hat, daß sie keine Früchte des Glaubenslebens brachten. An praktischen Anstalten aber für Erziehung der Armen und der verwahrlosten Kinder, für Unterhalt gebrechlicher, blödsinniger, verkommener Leute, kurz an Anstalten „Innerer Mission" fehlte es, und dieses Mangels wurde unser Pfarrvikar in Walddorf gewahr, und er suchte die Lücken zu füllen.

Aus freiwilligen Beiträgen, welche ihm durch seine hinreißende und feurige Beredsamkeit begeisterte Gemeindegenossen freudig dargereicht hatten, gründete er im Jahre 1837 zuerst in Walddorf und dann in dem dazu gehörigen Filiale Rübgarten eine Kleinkinder- und Arbeitschule. Unter den Erfahrungen, die er in der Aufsicht und Leitung derselben machte, wurde in Gustav Werner – dieser ist unser Pfarrvikar – der Gedanke immer lebhafter, eine Rettungsanstalt für verwahrloste Kinder zu gründen. Als nun in Walddorf eine arme Mutter von sechs Kindern wegstarb, ließ es ihm keine Ruhe mehr. Nachdem er seiner Gemeinde so lange und so ernstlich von Liebe gepredigt hatte, sagte ihm sein Gewissen, zuerst selbst zu thun, was er von seinen Zuhörern verlange, und entschloß sich das kleinste, der Pflege am meisten bedürftige Kind, bei sich aufzunehmen. Die Arbeitlehrerin, bis dahin nur mit der Nadel vertraut, erklärte sich bereit, ihm und dem Kinde eigenen Haushalt zu führen. Das ist der Senfkorn-Anfang einer wunderbar großartigen Wirksamkeit. Die Haushälterin schaffte sich bald so tüchtig hinein, daß Werner Muth gewann, im Laufe eines Jahres nach und nach zehn Kinder anzunehmen. Er wurde so reichlich, auch von seinen Gemeindegenossen unterstützt, daß er eine Stube, eine Kammer und eine Küche als zweiten Stock auf das Gemeinde-Backhaus erbauen konnte.

So eng die Räume, so dürftig alle Einrichtungen waren, er fühlte sich überglücklich. Ihm dünkte des Raumes genug und diese Wohnung eine süße Heimath zu sein.

Mehrere Gründe bewogen ihn indessen, sein Vikariat in Walddorf abzugeben und seinen Wohnsitz nach Reutlingen zur Gründung einer Rettungsanstalt zu verlegen. Den 14. Februar 1840 zog er mit seinen zehn Kindern und der Haushälterin in Reutlingen ein, versehen nur mit dem nothdürftigsten Hausrathe, mit Lebensmitteln höchstens für einen Monat, all' sein Geld im Westentäschchen bei sich tragend. Jetzt noch, sagt er mit Lächeln: „Wenn die Reutlinger gewußt hätten, was für ein bettelarmer Mann zu ihnen komme, sie hätten mich nicht hineingelassen." Er miethete eine größere Wohnung mit dem Vorsatz, seine Anstalt weiter auszudehnen, zugleich aber fest entschlossen, die Zahl der Kinder nicht über vierzig steigen zu lassen.

Jeder, der mit der Verwaltung einer Rettungsanstalt nur ein wenig vertraut ist, weiß, was es heißt und erfordert, vierzig Kinder zu erziehen. Wie sollte sich nun diese neue Anstalt unterhalten? Werner hatte kein Vermögen, er hatte keine Pfarrgemeinde hinter sich, welche ihn hätte unterstützen können. Zwei Wege öffneten sich ihm: die Reisepredigt mit ihren Kollekten und die erwerbende Thätigkeit der ihm anvertrauten Kinder. Er schlug beide Wege zugleich ein. Durch freie religiöse Vorträge wußte er sich eine Gemeinde der Liebe zu schaffen. Ihrerseits mußten die Kinder darauf los arbeiten.

Diese beiden Mittel der Unterhaltung sind wohl zu bemerken, denn ihre Vereinigung ist das Eigenthümliche der Werner'schen Anstalten in den ersten zehn Jahren ihres Bestehens. Sie sind nicht nur momentane Auskunftsmittel gewesen, sondern haben sich zur Geltung wichtiger Grundsätze erhöht, und die spätere Entwicklung der Rettungsanstalten hat gezeigt, daß die Grundsätze nicht unrichtig waren.

Die Strickerei wurde damals in Reutlingen lebhaft betrieben, und Werner ließ die Kinder in diesem Industriezweig schnell unterrichten. Sie machten unter guter Leitung rasche und große Fortschritte, und schon vor Ende des Jahres wurde die Strickerei als ein förmlicher Erwerbs- und Handelszweig betrieben. Die Haushälterin führte den Haushalt treu und sparsam, nach einem Vierteljahr konnte schon eine Kuh angeschafft werden. „Noch", so erzählt Werner zwanzig Jahre später, „noch fühle ich die Freude, mit der wir die Kuh begrüßten, wir glaubten nun gegen allen Mangel gesichert zu sein und jubelten fröhlich: Eine gute Kuh deckt alle Armuth zu."

Auch durch Werner's Predigt wurde viel erreicht. Jeden Sonntag hielt er in Reutlingen einen freien Vortrag, und durch diese begeisterte Verkündigung des Evangeliums der Liebe wurde eine Anzahl von Jungfrauen angeregt, einen Verein zu bilden, dessen Mitglieder einige Stunden in der Woche für die Anstalt arbeiteten. Der Erlös aus ihren Arbeiten machte es möglich, eine zweite Kuh anzuschaffen und einige Grundstücke zu pachten. Mit dieser kleinen Landwirthschaft beschäftigte er vorzugsweise seine angenommenen Knaben. Bald fühlten sich — und wer Werner predigen hört und wirken sieht, wird dies vollständig begreifen — einige jener Jungfrauen gedrungen, in die Anstalt förmlich einzutreten und ihr alle ihre Kräfte zu widmen. So wurde es möglich, mehrere Kinder aufzunehmen und durch ihre rege Thätigkeit mehr Mittel zu ihrer Erhaltung zu gewinnen.

Von Jahr zu Jahr wurde durch die Reisepredigt, auf die wir später etwas näher eingehen werden, der Kreis der Zuhörer und Mitarbeiter Werner's erweitert, die Liebesgaben vermehrt und die Anstalt vergrößert.

Im Jahre 1842 konnte Werner, da ihm einige Darlehen angeboten wurden, ein eigenes Haus für seine Anstalt kaufen und damit vollends festen Boden für seine Wirksamkeit gewinnen. Von dem Vorsatz bloß vierzig Kinder aufzunehmen, ging er jetzt ab. Das eigene Haus wurde nach und nach um ein starkes Dritttheil vergrößert, eine Scheune gebaut, der Viehstand bis auf zwanzig Stück, die Aecker bis auf dreißig Morgen vermehrt. Die Mittel hierzu wurden theils durch Arbeit erworben, theils durch Anlehen aufgebracht. Die Zahl der Kinder stieg nach und nach auf achtzig.

Es waren im Laufe dieser Jahre gegen zwölf Jungfrauen in die Anstalt eingetreten, die mit großer Aufopferung und Treue sich der Pflege und Erziehung der Kinder wie Verdienst gebenden Arbeiten widmeten. Ihre Anwesenheit in der Anstalt veranlaßte einen neuen Fortschritt derselben. Bis dahin hatte sie noch keine eigene Schule, weil sie keine patentirten Lehrer besaß; diese Lücke suchte nun Werner zu füllen, indem er einige Jungfrauen für den Unterricht zu gewinnen und zu bilden versuchte, überzeugt, daß derselbe namentlich für die jüngeren Kinder mindestens eben so gut von Frauen wie von Männern gegeben werde. Auch dies für Wirtemberg, wo man durchweg nur Lehrer und durchaus keine Lehrerinnen für die Volksschule kannte, ganz Neue gelang. Einige der Jungfrauen wurden als Lehrerinnen gebildet, geprüft und vom Consistorium zum Unterrichten ermächtigt. Jetzt konnte Werner eine eigene Anstaltschule eröffnen.

Seit dieser Zeit besorgen Jungfrauen den Unterricht der Anstalts-Kinder bis zum zehnten Lebensjahre und dies fortwährend mit dem besten Erfolge. Endlich schlossen sich auch männliche Personen, meist jüngere, an Werner an, von ihm zu gleichem Verlangen begeistert, ihre Kräfte dem Dienste der Armuth zu widmen. So hatte sich 1847 sein Kreis auf hundert theils gepflegte, theils pflegende Personen vergrößert. Das war das erste Jahrzehend und zugleich der erste Abschnitt der Wirksamkeit des Armenfreundes und Reisepredigers.

Was waren die Erfolge dieser zehnjährigen Wirksamkeit? War nur eine Rettungsanstalt gegründet worden, etwa 100 verwahrloste Kinder aufgenommen, gepflegt und erzogen, Jungfrauen und Jünglinge zur aufopfernden Liebesthätigkeit angezogen und für die Erziehung gebildet? Nein! Weit größer und wichtiger waren die Erfolge dieser zehn Jahre Praxis. Werner hatte aus seiner persönlichen Wirksamkeit in der Anstalt eine große Summe von Erfahrung und Erkenntniß geschöpft, er hatte auch durch seine Reisepredigt eine Menge Freunde in Reutlingen und etwa hundert in ganz Wirtemberg zerstreut liegenden Ortschaften sich zu schaffen gewußt. In ihm und außer ihm war der Boden bereitet für die weitere Entwicklung seines Unternehmens, welches den Verhältnissen nach sich etwas anders und dennoch auf denselben Grundsätzen weiter gestalten sollte.

Ehe wir den zweiten Abschnitt seiner Wirksamkeit vornehmen, hören wir von Werner selbst, wie er sich sein Werk vor Augen stellte und welche Gedanken die Erfahrung in ihm ausgebildet hatte.

„Ich lernte die Kräfte kennen" — so drückt er sich in einem seiner Sendbriefe aus —, „welche im Menschen und namentlich im Weibe für die Ausbildung der Nächstenliebe verborgen liegen, ein reiches Pfund, das die katholische Kirche trefflich zu nutzen weiß; während es die unsere ganz brach liegen läßt. Es wurde mir klar, welch' ein richtiger Gedanke der Stiftung von Klöstern zu Grunde liegt und daß unsere Kirche ähnliche, ihrem Geiste entsprechende Anstalten zu ihrer Belebung und zur Bethätigung ihrer Grundsätze erhalten müsse. Um den Liebesdienst an den Armen recht besorgen zu können, so daß der Nächste geliebt wird wie wir uns selbst lieben, müssen Personen ihn verwalten, die sich ihm mit ungetheilter Hingabe widmen. Diese Hingabe muß in voller Freiheit geschehen und bleiben, fern vom Zwange der katholischen Klöster, und muß zum Hauptgegenstand ihrer Thätigkeit Nutzleistungen für das Wohl der Menschen haben. Hierdurch werden die Gefahren abgewendet, die dem klösterlichen Berufe droben, und Brennpunkte gebildet, in welchen das heilige Feuer der Liebe geweckt und erhalten wird." „In solchen Anstalten muß der Leviten-Stamm des Alten Bundes, der kein Land besaß und des Herrn Eigenthum war, und dessen Dienst wieder dargestellt werden, dieses Salz und dieser Sauerteig des Volkes Gottes." „Für diesen Dienst der Liebe ist hauptsächlich das Weib berufen, das in der Protestantischen Kirche seine volle Geltung noch nicht errungen hat und so oft müßig und verachtet am Markte steht." „So wurde mir im Laufe meines Wirkens ein Gedanke um den andern klar." —

Es war also der Wunsch Werner's eine Gemeinschaft zu bilden, deren sämmtliche Mitglieder aus Liebe für den Nächsten gegenseitige Hülfsleistung, ja gegenseitige Erziehung in Gottes Furcht ausüben sollten. Wir werden jetzt sehen, wie er diesen großartigen Gedanken unter neuen Umständen verwirklichte.

Das Jahr 1848 war herangekommen mit seinen nicht nur politischen, sondern auch socialen Bewegungen. Die Erlebnisse dieses aufgeregten Jahres fügten in Werner's Geist ein scheinbar Neues, aber aus seinen übrigen Grundsätzen und Erfahrungen von selbst sich Ergebendes hinzu. In der Fabrik-Industrie, wie sie immer großartigere, den Einzelnen erdrückende Verhältnisse annimmt, sah er einerseits die größte Gefahr für die Gesellschaft, andererseits aber auch gerade das Heilmittel verborgen für der Gesellschaft kranke bedrohliche Verhältnisse.

Reinstes, thatkräftiges, allbeherrschendes Christenthum und Fabrik-Industrie so in Eins zusammen zu schmelzen, daß Eines das Andere kräftiget, indem das Grundprincip der Industrie, die Theilung der Arbeit, jedem Menschen die Verwendung seiner großen oder kleinen Kraft ermöglicht und ihm zu einer menschen- und christenwürdigen Existenz verhilft, und andererseits das Christenthum die in Theilung der Arbeit sich Entfremdenden und Gegenübertretenden vor Eigenmächtigkeit und Spaltung bewahrt, sie in der Ordnung und in der Treue erhält und aus vielen Gliedern Einen vom Geist der Liebe beseelten und geheiligten Leib bildet — so eine an sich selbst durch und durch christliche Industrie und industriös christliche Genossenschaft zu schaffen, dieser Gedanke gewann in Werner's Geist durch viele Gährungen

hindurch mehr und mehr Consistenz. Eine Fabrik, in welcher
Christus der König ist, d. h. in welcher christliche Liebe und Treue
Alle beseelt und vereint, es ist in der That ein origineller, wenn
nicht kühner Gedanke. Die Menge der Leute wird immer sein
spotten. Ihn zu verwirklichen trieb es Werner um so eher, als
er wünschen mußte, theils überhaupt die ökonomischen Mittel für
seine Anstalt zu mehren, theils insbesondere die nun allmälig
heranwachsenden, bis dahin geretteten, aber dann in der Welt
draußen so leicht wieder rückfälligen jungen Leute gerade über
die kritischste Zeit ihres Lebens unter seiner Obsorge und Leitung
zu behalten.

Der Gedanke ward That.

Am Pfingstdienstag 1850 kaufte Werner um 40,000 fl.
die Papierfabrik in Reutlingen, die schon seit mehreren
Jahren leer stand, an der zwei frühere Besitzer ökonomisch zu
Grunde gegangen und die vom letzteren angezündet wurde, um
den ihm drohenden Gant abzuwenden: der Brand wurde so zeitig
entdeckt, daß er beim ersten Ausbruch gedämpft werden konnte.
Dieser Kauf war in den Augen der Leute ein Narrenstück, da
Werner weder Kenntnisse noch Vermögen besaß und das Werk
überdies in so verkommenem Zustande sich befand, daß seine Her=
stellung und die Beschaffung des nöthigen Betriebskapitals eine
eben so große Summe als der Ankauf in Anspruch nahm. Die
Vermehrung der Wasser= und Triebkraft durch Einsetzung einer
Turbine und alle übrige Einrichtung kostete viele Sorgen, Mühe
und Angst. Es war ein schweres Jahr, das Werner verlebte,
manches theure Lehrgeld mußte bezahlt werden. Der Glaube
und die Treue halfen durch. Am 7. Mai 1851 kam die Fabrik
unter feierlicher Einweihung in Gang und lieferte das erste
freilich noch sehr geringe Papier. Ihm und den Seinigen aber
war's doch so unaussprechlich freudig zu Muth, als ob unter
tausend schweren Sorgen, Aengsten und Schmerzen ein Kind ge=
boren wäre, ein schwaches und doch lebensfähiges. Die Fabrik
wurde bald um ein Beiwerk mit drei Holländern vergrößert. Das
Geschäft gestaltete sich gut.

Und seine Christlichkeit? — Sie liegt einmal darin, daß
die Anstaltsgenossen dasselbe betreiben ohne jeglichen anderen Lohn,

als daß sie alle zusammen wie eine große Familie ihren Lebens=
unterhalt verdienen. Der überschüssige Ertrag wird rein ver=
wendet auf Gründung und Mehrung weiterer Rettungsanstalten.
Und ferner liegt die Christlichkeit darin, daß die Arbeit selbst
als Mittel der Besserung und Rettung benutzt wird und daß
ein wahrer christlicher Geist die Genossen beseelt und diejenigen
Arbeiter, welche der Anstalt nicht unmittelbar angehören, unter
dem Einflusse eines guten Beispiels fördert. — Auf dem Lum=
penboden z. B., wo die schmutzige Arbeit des Sortirens und Zer=
kleinens der Lumpen vollzogen wird, hatte Werner 60 Mädchen
zu beschäftigen. Dieser Arbeit aber unterzogen sich dort nur
ärmste und oft auch leichtfertige Mädchen, daher er sie durch be=
zahlte Arbeiterinnen mußte und nicht durch Anstaltgenossen konnte
verrichten lassen. Er redete mehrmals seinen Anstaltmädchen zu,
daß sie sich diesem Geschäfte doch unterziehen möchten. Endlich
zeigte sich Eine der Jungfrauen zu diesem Dienste der Liebe und
Entsagung bereit, nach einem vollen Jahre folgten andere nach.
Der gute Einfluß machte sich bald bemerklich. „Mit wahrer Be=
friedigung", berichtet Werner, „betrete ich nun diesen Saal mit
seinen siebenzig Arbeiterinnen, von welchen fünfzig ganz meiner
Anstalt einverleibt sind, die draußen an Leib und Seele verkom=
men wären, nun aber, wenn auch nicht alle bekehrt, doch vor der
Sünde verwahrt sind, Ordnung und Arbeit lernen, auch in häus=
lichen Arbeiten: Nähen und Stricken unterrichtet werden und
zum Theil schon recht nützliche Dienste leisten." — Den gleichen
Umschwung erfuhr Werner im Papier=Saal, wo, zwar von
wenigen Arbeiterinnen, die Bogen verlesen und gezählt werden,
und so führte ihn die Erfahrung zu der Ueberzeugung: „wie sich
in den Fabriken durch das Zusammenleben Vieler das Böse ra=
scher und verderblicher entwickelt und in weite Kreise hin ansteckend
wirkt, so kann in ihnen das Christenthum, wenn es einmal die
Obmacht errungen hat, sich herrlicher entfalten als sonst wo und
in weite Kreise seinen Segen, seinen veredelnden Einfluß tragen.
So werden diese Stätten vielfachen Verderbens in Stätten viel=
fachen Segens umgewandelt und zu Lichtpunkten werden wie die
alten Klöster, von welchen Gesittung, Bildung, Liebe, Gerechtig=
keit und eine allseitige Tüchtigkeit und Fertigkeit sich veredelnd

und segnend in die Wüsten der menschlichen Gesellschaft ausbreitet. Solche Aussichten und Hoffnungen versüßten mir und den Meinigen manche heiße Arbeit, manchen schweren Kampf."

Schon einige Jahre früher war es Werner gelungen, einen großen Anlehn-Verein zu stiften — dies war der Verein zur gegenseitigen Hilfleistung —, bei dem ein Jeder mit kleinen oder größeren Darlehen sich betheiligen konnte, aus deren Zusammenfluß Bedürftige zum Ankauf von Güterstücken oder zum Betriebe eines Gewerbes unterstützt wurden. In vielen Gegenden Wirtembergs kam auf solche Weise Werner würdiger Armuth entgegen. Alten Mütterchen ward durch Spinnen, jungen Mädchen durch seine Strickerei Verdienst geschafft. Dürftigen Landleuten wurden Mittel dargeboten zur Eindämmung von Bächen, Entsumpfung feuchter Gründe, Herstellung ordentlicher Wege, Ausrodung unergiebiger Waldplätze, Anschaffung von Vieh, mit einem Worte: zur rationellen Verbesserung ihres kleinen Bauerngewerbes. Im Einzelnen und Kleinen wurde auf diese Weise viel Gutes gestiftet, aber es war eine zersplitterte Thätigkeit — die Zeit führte den auf ihre Zeichen stets achtenden Mann zu bedeutenden neuen Unternehmungen.

In Folge der Kartoffelkrankheit brach in den Jahren 1852 bis 1854 nach vorausgegangener Stockung der Gewerbe große Noth, namentlich über die Wirtembergische, in mancher Beziehung sonst auch sehr vernachläßigte und zurückgebliebene Schwarzwald-Gegend herein. Besonders hoch stieg dieselbe in Fluorn, Oberamts Oberndorf, dessen Markung während zehn Jahren sechs Mal vom Hagelschlag heimgesucht wurde. Zwei Dritttheile der Bürger kamen in Einem Jahre als Falliten in Gant, siebenzig Kinder fielen der Fürsorge der mittellosen Gemeinde anheim. Ein Aufruf des um seine Gemeinde sehr besorgten Geistlichen bewog Werner, der auf seinen Reisepredigten schon seit zehn Jahren diese Gegend besucht hatte, seinen Zuhörern anderwärts diese Noth besonders an's Herz zu legen und sie zur barmherzigen Auf- und Annahme solcher Kinder zu ermuntern. Er genoß auch hier die Freude guten Erfolges und konnte 20 jener armen Kinder theils in Familien seiner Anhänger, theils in seiner Anstalt unterbringen. Es sei ein rührender Anblick gewesen, als an einem Sonntage der Pfarrer und der Schultheiß von Fluorn mit den Kindern in Reutlingen ankamen und ihre neuen Mütter mit Freuden herbei eilten, um dieselben wie ein Geschenk in Empfang zu nehmen.

Oberamtsrichter Heine in Oberndorf, der sich der heimgesuchten Gemeinde mit besonderer Aufopferung annahm, redete überdies Werner zu, die ebenfalls in Gant gerathene Mühle des Ortes mit 40 Morgen Land anzukaufen, um dort ein gewerbliches Unternehmen zu gründen. Werner, in dieser Aufforderung eine höhere Stimme erkennend, mußte ihr folgen und übernahm die Mühle. Mit seinem genialen, alle Verhältnisse sogleich scharf durchdringenden und zusammenfassenden Blicke erkannte er sogleich, daß der Ort für die Landwirthschaft günstiger sei als für die Industrie. Er machte der Gemeinde den gern angenommenen Vorschlag, die 40 Kinder, welche dieselbe in einer Art Armenhaus noch unterhalten mußte, unentgeltlich anzunehmen und sandte zwei junge Männer aus dem Mutterhause auf die Mühle, um sie mit den Feldern zu übernehmen und für eine Anstalt einzurichten. Im Mai 1853 wurden die Kinder vom Pfarrer und Gemeinderath Werner und seiner neuen Zweiganstalt*) feierlich, in weihevoller Stunde übergeben. Der Anfang war sehr schwer: die Mühle im Abgang, die Felder verödet, die Kinder an Körper und Geist höchst verwahrlost, die Mittel für den Unterhalt furchtbar knapp zugemessen. Mit unverdrossenem Muth und festem Glauben ward's durchgerungen. Die anhaltende Entwerthung der Güter ermöglichte es nach einigen Jahren, den Grundbesitz der Anstalt zu Fluorn auf 350 Morgen zu vermehren, die nach und nach in sehr ertragfähigen Zustand gebracht sind und sich gut rentiren. So wurde, wie Reutlingen der industrielle, Fluorn der landwirthschaftliche Mittelpunkt der Werner'schen Anstalten. Beide Richtungen bilden aber ein großes

---

*) Ober-Enzingen bei Nürtingen war die erste Zweiganstalt, jedoch nicht eigentlich von Werner gegründet, da der dortige Hausvater, Gottlieb Banhof, Werner sein Haus zur Aufnahme von Kindern geöffnet hatte.

Ganzes, und Industrie und Landwirthschaft unterstützen und heben einander auch hier so trefflich wie immer.

Unwillkürlich war mit Fluorn der Anfang zu weiteren Zweiganstalten gemacht. Unvorhergesehen, gleichsam in unausweichlich gebotener, aber gerade darum gesunder Weise, bildete sich von da ab in sieben Jahren ein ganzes System solcher Zweiganstalten aus. An Aufforderungen durch Menschen und Verhältnisse, an günstigen Gelegenheiten, an profitablen Anlässen fehlte es natürlich nie. Hier ist die Noth hoch gestiegen und der Güterpreis gesunken, dort fleht ein Gemeinderath Werner an, 70 Kinder gegen ein Kostgeld von je 25 fl. und Ueberlassung eines Hauses zu übernehmen. Hier kaufen Freunde Werner's ein Paar Hofgüter zusammen und bitten ihn nachher: schicke uns Leute aus dem Mutterhause und mache eine Anstalt. An einem anderen Orte gibt ein bäuerliches Ehepaar, das Werner zugethan ist, Haus und Hof, Kraft und Herz gerade zu hin für Erziehung armer Kinder. Es wird ein Anfang gemacht mit der Erziehung Eines Kindes, wie damals in Walddorf, mehrere folgen, die Zahl wächst nach und nach zu 34 Kindern und 64 Hausgenossen. Der Grundbesitz kann bis 60 Morgen vergrößert werden. Eine Lehrerin aus dem Mutterhause leitet die Schule. Natürlich wird die Erwerbung eines Wohnhauses und Oekonomiegebäudes nothwendig, aber auch möglich durch den Ertrag der Anstalt und die Hilfe des Mutterhauses. Und zum Schlusse heißt's: „Diese Familie hat es noch nie bereut, sich und ihr Eigenthum dem Dienste des Herrn gewidmet zu haben. Der Segen fällt auf sie und ihre Kinder zurück." — Hier läßt sich ein Schlößchen — in Geisingen —, das lange leer stand und schöne Räume bietet, billig als Anstalt zum Betriebe der Filetstrickerei erwerben und einrichten, und ein dort ansässiger Familienvater gibt sich zur Leitung der Anstalt her. Dort wird eine Ziegelhütte angekauft, um unter der Leitung einer Erzieher-Familie geistesschwache Knaben, so wie es für sie paßt, zu beschäftigen. „Wir müssen auch", sagt Werner in seinen Sendbriefen, „auf solche Geschäfte Rücksicht nehmen, bei welchen wir an Geist und Körper schwache Personen unterbringen können; für die mancherlei Lahmen, Blinden und Krüppel, die sich bei uns einfinden, müssen wir unsere Tische decken, daß sie Alle satt werden können." — Hier aus einem Wirthshause wurde eine Herberge zur Heimath, dort eine in Gant gerathene chemische Fabrik mit 20 Gebäulichkeiten, in Heilbronn, ein Kindergarten und eine Kleinkinderschule für die Stadt; in Stuttgart eine Anstalt für brodlose Arbeiter und eine Wechselbank für den Verein, in jeder Gegend je das Passende und Nothwendige. Es wird einer theils in starres Staunen versetzt, theils zum heiteren Lächeln gebracht, wenn Werner in seinen Sendbriefen ganz anspruchslos=treuherzig die 22 Zweiganstalten herzählt, und die dringenden Veranlassungen, auf welche sie ihm im Zeitraum von sieben bis acht Jahren unter den Händen erwachsen sind.

Vom rein financiellen Standpunkte erschien jede neue Unternehmung anfangs bedenklich und erregte unwillkürlich ein Kopfschütteln. Aber in Wahrheit war von Werner noch nie etwas Verfehltes unternommen worden, alle Mal gab ihm die Erfahrung Recht, alle Käufe, jede Ausdehnung bewährten sich auch vom rein financiellen Standpunkte aus betrachtet als durchaus zweckmäßig und gewinnreich.*) „Das ist eben ein großartig glücklicher und auch sehr einseitiger Speculant", dachte und sagte Mancher in Wirtemberg. Nun ja, in der Art zu speculiren, daß er für sich keinen Kreuzer Gewinn davon hatte, wohl aber Hunderte von armen Menschen durch solche Speculation glücklich und aus dem Verderben errettet wurden — das war großartig.

Wenden wir uns von den Zweiganstalten nach dem Mutterhause zurück, wir sind noch nicht am Ende der wundersamen Dinge.

Die Papierfabrik in Reutlingen ging ordentlich, litt aber immerhin an zwei wesentlichen Mängeln, die den Untergang der beiden frühern Besitzer herbeigeführt hatten: sie hatte kein reines Wasser und eine zu schwache Wasserkraft. Mit vielen Mühen und Kosten wurde eine ziemlich ausreichende Wasserreinigung her-

---

*) Wenn später mehrere Anstalten verkauft werden mußten, so lag der Grund nicht sowohl in ihrer unzureichenden Ertragsfähigkeit, als in dem Mangel an tüchtigen Arbeitern.

gestellt, doch mußte immer noch bei starken Regengüssen das
Werk abgestellt werden. Dem andern Mangel war nur durch
Beifügung einer Dampfmaschine abzuhelfen. Sie wurde um
20,000 fl. mit 40—45 Pferdekraft eingerichtet. Der Stand des
Geschäfts wurde ein befriedigender, der Aufträge waren mehr als
genug, aber der Gewinn ein sehr geringer, da die Herstellung des
Papiers mit Dampfkraft als zu kostspielig sich erwies.

Die Ausdehnung, welche die Anstalt durch die Papierfabrik
erhielt, machte die Einführung der verschiedenen häuslichen Hand=
werke und Berufs=Arbeiten in dieselbe an sich nothwendig. Bäckerei,
Schusterei, Nätherei, Schneiderei, Schreinerei, Buchbinderei u. a.
etablirten sich von selbst und boten so schon das anderen Rettungs=
anstalten abgehende unschätzbare Hilfsmittel dar: die heran=
wachsenden jungen Leute in der Anstalt selbst demjeni=
gen Berufe zu widmen, zu dem sie sich durch tägliche
Anschauung, eigene Neigung und Anlage hingezogen
fühlen.

Es schlossen sich noch mehr Handwerker Werner's Anstalten
an. Ein guter Mechaniker aus der Schweiz, Schlatter, un=
widerstehlich durch das Leben in den Werner'schen Anstalten an=
gezogen, trat in den Kreis derselben mit rückhaltloser Hingebung
ein, und sein Eintritt war die Veranlassung zu einem neuen
Fortschritte. Die Schlosser= und Schmiede=Werkstätte wurde inner=
halb drei Jahren in eine mit Eisen= und Messing=Gießerei ver=
bundene mechanische Werkstätte eingerichtet, welche 60 Per=
sonen, worunter viele Jünglinge aus der Anstalt selbst, beschäf=
tigte und sich guten Zutrauens und schöner Aufträge erfreuen
durfte. Es wurden auch 10 Bandwebestühle in Barmen ge=
kauft und in Gang gebracht. Beim Spulen konnten ältere und
kränkliche Personen beschäftigt werden. Endlich schloß sich auch
ein Tuchmacher der Anstalt an, der die Kleidungsstoffe für
sämmtliche Anstalten lieferte und auch außerhalb Tuch verkaufte.

Das Ende des zweiten Jahrzehend der Werner'schen
Thätigkeit war der Blüthepunkt derselben. Doch soll uns diese
sehr kurze Darstellung ihrer wahrhaft unglaublichen Ausdehnung
nicht die innere Constituirung seiner Genossenschaft vernachlässigen
lassen.

Es versteht sich von selbst, daß die successive Gründung von 22 Zweiganstalten nur durch den Zuwachs der sich Werner anschließenden Personen und durch Zunahme einerseits der durch Landwirthschaft und Industrie erlangten Einkünfte, andererseits der durch die Theilnahme der Freunde dargebotenen Liebesgaben und Anlehen ermöglicht wurde. Die Gemeinschaft hatte sich bis zur Zahl von 1600 Personen vergrößert. Sie besaß etwa 2000 Morgen Grundbesitz. Die Beaufsichtigung so vieler Menschen, die Leitung so vieler Anstalten, die Verwaltung der ökonomischen und financiellen Wirthschaft war keine geringe Sache. Eine lange Zeit hatte Werner die ganze Last der Verwaltung allein getragen. Er war die Seele der Anstalt wie auch der organisirende Geist derselben gewesen. Nach und nach wurde es ihm unmöglich, diese Last allein zu tragen. Er wollte auch nicht, trotz seiner alttestamentlichen Anschauungen, in einer theokratischen Gemeinschaft die Stellung eines absolutistisch Regierenden nehmen. Es bildete sich aus seinen Freunden ein Aeltesten=Rath. Sieben Männer aus verschiedenen Orten Wirtembergs traten monatlich mit Werner zusammen zur Besprechung und Berathung der Gemeinschafts=Angelegenheiten und unterstützten ihn in der Leitung und Verwaltung seiner Anstalten.

Das war aber noch nicht genügend. Im Jahre 1858 wurde sowohl vom Aeltesten=Rath als von den Brüdern der Genossenschaft das Bedürfniß, dieselbe zu einem förmlichen Verein zum Bruderhaus zu constituiren, theils um der Genossenschaft ein eigenes Leben zu sichern, theils um die Last der Verantwortlichkeit, welche bis dorthin Werner allein getragen hatte, mit ihm zu theilen. Werner hatte unwillkürlich und durch den natürlichen Gang der Ereignisse eine Anstalt gegründet, welche nur durch guten Betrieb und wachsendes Einkommen sich aufrecht erhalten hatte. Wenn aber eine industrielle Krisis oder ein ungünstiger Erfolg in der Landwirthschaft eventuell vorkommen sollte, schien die Sorge für die Existenz der Anstalt freilich gerechtfertigt.

Schon sah man die große Krisis herannahen, welche, von Amerika ihren Ausgang nehmend, zuerst den ganzen Norden Europa's lähmte, sodann aber im Norden des deutschen Vaterlandes, besonders in Hamburg, ausgebrochen war und von da aus ihre Wellen bis in das Herz des unschuldigen Wirtemberg hineintreiben und auch da, wo man am wenigsten darauf vorbereitet war, ihre Opfer fordern sollte.

Wer sollte nun, im Fall einer financiellen und wirthschaftlichen Krisis, gegen die zahlreichen, durch freiwillige Darlehen gewordenen Gläubiger als verantwortlich stehen?

Werner hatte es im Laufe der zwanzig verflossenen Jahre mit der Durchführung des Grundsatzes: „Liebe deinen Nächsten wie dich selbst" so weit gebracht, daß alle Mitglieder der Genossenschaft sich bereit erklärten, die Gefahren, Nöthen und Verluste mit ihrem Vater auszuhalten.

In Folge dieser Erklärung kam der Aeltesten-Rath zusammen und machte den Entwurf der Statuten des „neuen Vereins zum Bruderhaus." In der Pfingstversammlung 1858 wurden sie von den Hausgenossen nach ernster Besprechung und mit einigen Veränderungen angenommen und feierlich unterzeichnet.

Die Hauptzüge dieser Statuten sind werth, daß wir bei denselben einige Augenblicke verweilen. Der Zweck des Vereins wird durch folgende Paragraphen bezeichnet:

§ 1. Der Verein hat zum Zweck, Solche, welche die Liebe zu Gott dem Einen, der sich in Christo geoffenbaret, und zu dem Nächsten als das Erste Gebot, in welchem alle übrigen Gebote enthalten sind, anerkennen und in Ausübung bringen wollen, in eine solche Verbindung zu bringen, in welcher dieses Grundgesetz am vollkommensten verwirklicht werden kann.

§ 2. Um seinen Mitgliedern zur Bethätigung dieses Grundgesetzes die erforderlichen geistigen und leiblichen Mittel zu verschaffen, bildet er sowohl

a. eine Verbrüderung, die sich durch die Wahrheiten des Christenthums stärkt und erbaut, als

b. eine Erwerbsgesellschaft, in welcher die Mitglieder als christliche Haushalter sich zu üben und zu beweisen haben.

§ 3. Durch die Theilnahme an diesen Unternehmungen und durch die Beschäftigung bei denselben sucht der Verein seinen Mitgliedern geistiges und leibliches Wohl zu schaffen, und von dem Ertrage derselben, so wie von den Mitteln, die ihm sonst zufließen, seinen Mitmenschen Hilfe zu leisten; er gründet daher

Anstalten zur Erziehung der Kinder, Bildung der Jugend, Beschäftigung der Armen, Pflege der Kranken, Gebrechlichen, Alten und Verlassenen.

Von den Paragraphen über Constituirung des Vereins ist Folgendes hervorzuheben:

§ 4. Alle Liegenschaften, welche bisher auf den Namen Gustav Werner eingeschrieben waren, mit sämmtlichen Mobilien, Fabrik- und Ackergeräthschaften, Haushaltungsgegenständen, Vorräthen, Activen und Passiven, wie Alles in einer besonderen Beilage verzeichnet ist, gehen auf den Verein als Eigenthümer über, der durch seinen Aeltesten=Rath davon Besitz nimmt.

§ 6. Der Verein sucht in seiner inneren Einrichtung das Grundgesetz der Familie durchzuführen, daher sowohl die Familien, die ihm angehören, als auch die Anstalten, welche er gründet, den Charakter einer Familien=Gesellschaft an sich tragen sollen.

§ 5. Mitglied des Vereins kann jede volljährige Person werden, welche das freie Verfügungsrecht ihres Vermögens hat, das weibliche Geschlecht ohne passives Wahlrecht.

Die Mitgliedschaft wird erworben auf Grund der Anerkennung dieser Statuten und insbesondere des § 1 und 3 ausgesprochenen Grundgesetzes, durch eigenhändige Unterzeichnung der Statuten, in Gegenwart zweier Zeugen, nach vorangegangener Aufnahme durch den Aeltesten=Rath, welcher sich zuvor von der Würdigkeit des Mitgliedes überzeugt haben muß.

§ 6. Die Mitglieder theilen sich in ordentliche und außerordentliche Mitglieder.

Ordentliche Mitglieder sind:

1) Solche, die es möglich machen können, ihre ganze Zeit und Kraft dem Dienste des Vereins in den Haupt- oder Zweiganstalten zu widmen, und deswegen in dieselbe Aufnahme gefunden haben (Hausgenossen).

2) Solche, welche in ihrem häuslichen Kreise und Berufe die Zwecke des Vereins nach Kräften zu erfüllen streben und zu diesem Behuf regelmäßige Beiträge geben.

Beiderlei Mitglieder verpflichten sich für Anlehen, die dem Verein gegeben werden, zur solidarischen Bürgschaft.

Außerordentliche Mitglieder sind solche, welche nach Art des bisherigen Hilfsvereins einen jährlichen Beitrag von Fünf Gulden entrichten.

§ 9. Der Verein wird durch den Aeltesten=Rath, durch den Verwaltungsrath und durch die General=Versammlung vertreten.

§ 10. Der Aeltesten=Rath besteht außer dem Vorstand aus 12 Mitgliedern und wird je an Pfingsten auf die Dauer von sieben Jahren gewählt, und zwar der Aeltesten=Rath durch die General=Versammlung, und der Vorstand durch die gewählten Mitglieder des Aeltesten=Raths.

§ 11. Der Aeltesten=Rath beschließt durch einfache Stimmenmehrheit über Aufnahme und Ausschluß von Mitgliedern, über Streitigkeiten innerhalb des Vereins, über Gründung neuer Anstalten und Unternehmungen und deren Verwaltung u. A.

§ 12. Er wählt zur Besorgung der laufenden Geschäfte einen aus dem Vorstand und vier Mitgliedern der Gesellschaft bestehenden Verwaltungsrath; ihm ist insbesondere übertragen:

1) Die Gesammt=Vertretung nach außen, namentlich in gerichtlichen und außergerichtlichen Klagesachen.

2) Die Aufnahme von Geldern für Zwecke der Gesellschaft.

§ 13. Die Mitglieder beider Räthe sind für ihre Handlungen dem Verein nach den Gesetzen verantwortlich.

§ 15. Die Rechte der Mitglieder des Vereins bestehen:

1) für die Hausgenossen in der geistigen und leiblichen Versorgung ihrer selbst und ihrer Angehörigen während gesunder und kranker Tage nach Maßgabe der in den betreffenden Anstalten eingeführten Ordnung. Eintretenden Familien werden ihre Rechte, soweit sie nicht der Gemeinschaftsordnung zuwider laufen, soviel als möglich gewahrt.

2) Für die Bürgen in der Darreichung von Anlehen, Unterstützung in Unglücksfällen oder Aufnahme in eine Vereins=Anstalt zum Zweck der Versorgung, oder bei jüngeren Leuten zum Zweck der Erziehung und Bildung.

3) Bei außerordentlichen Mitgliedern in dem Rechte, gegen Stellung von zwei Bürgen um Anlehen nachzusuchen.

4) Bei Allen in dem Rechte, mittelst schriftlicher Anzeige beim Aeltesten=Rath auszutreten und

5) gemachte Vermögenseinlagen beim Austritt oder Ausschluß zurückzufordern, jedoch ohne Zinsen und etwaigen Gewinn-Antheil. Die Zurückerstattung soll auf Verlangen binnen Jahresfrist erfolgen.

§ 16. Die Pflichten der Mitglieder: Sie sollen im Geiste des Vereinslebens und nach außen und innen wirken. Ihre Dienste, Einlagen, die nicht als Anlehen gegeben sind, ihre regelmäßigen Beiträge oder was sie sonst dem Verein zukommen lassen, sind nicht als Geschenke, sondern als Leistungen anzusehen, über welche sie mit dem Verein eine rechtsverbindliche Uebereinkunft dahin abgeschlossen haben, daß sie für die in diesen Statuten ausgedrückten Zwecke eine bestimmte Gabe reichen, und der Verein die Gabe mit der Verpflichtung übernimmt, sie nach Maßgabe der Statuten zu verwenden.

§ 17. Der Verein löst sich auf, wenn $^3/_4$ sämmtlicher ordentlicher oder stimmberechtigter Mitglieder für dessen Auflösung stimmen.

Die Unterzeichnung der Statuten wurde von folgender Erklärung der Hausgenossen begleitet:

„Wir, die nachstehend unterzeichneten Hausgenossen des Gustav Werner dahier, die wir uns sowohl in dem von demselben gegründeten Mutter- und Bruderhause hierselbst, als auch in dessen auswärtigen Zweiganstalten befinden, bekennen hiermit, daß wir nach den Grundsätzen, wie wir solche während unsers mehrjährigen Aufenthaltes in genannten Anstalten kennen gelernt und in's Leben gestellt haben, dem von Gustav Werner gestifteten „Verein zum Bruderhaus" beigetreten und entschlossen sind, demselben unsere ganze Kraft zu widmen, weil wir die Ueberzeugung haben, daß wir in demselben dem Herrn, als welchem wir uns heute ganz zu eigen geben wollen, in wohlgefälliger Weise dienen können. Eben so sind wir entschlossen für alle durch Gustav Werner als Vorstand des Vereins in Zwecken desselben gemachten Unternehmungen materieller Art, mit unserm ganzen Vermögen ohne allen und jeden Vorbehalt als Selbstschuldner zu haften und rücksichtlich des unterzeichnenden weiblichen Theiles auf die den Ehefrauen zustehende Anrufung der weiblichen Freiheit ausdrücklich zu verzichten."

„Wir geben diese Erklärung und Schuldverpflichtung in vollster freiester Ueberzeugung, ohne irgend welchen Zwang oder Ueberredung nach Antrieb unserer Vernunft und unseres Gewissens, und bekräftigen Solches durch unsere Unterschrift, die eigenhändig, gemeinsam, in ununterbrochenem Akt vor sich gegangen ist."

Die Feier, in welcher diese Erklärung unterzeichnet wurde, wurde mit Gesang und Gebet geschlossen. Die Brüder fühlten, daß Gott in ihrer Mitte durch Seinen heiligen Geist anwesend war, und daß ein neuer Bund mit ihm geschlossen wurde.

In der Art constituirt und von diesem Geist beseelt, konnte nun der Werner'sche Verein die herannahende Krisis erwarten und, so stark sie auch sein würde, sie bestehen und überwinden.

Die Veranlassung zum Ausbruche der Krisis in den Werner'schen Anstalten war der Bau einer großen Papierfabrik in Dettingen. Wie schon früher gesagt, die Fabrik in Reutlingen litt an zwei sehr empfindlichen Mängeln, der Ertrag war gering, und es stellte sich immer mehr heraus, daß sie auf keinen ersprießlichen Zustand gebracht werden konnte. Es kam daher Werner sehr erwünscht, als er in Dettingen, drei Stunden von Reutlingen, eine schöne Wasserkraft erwerben konnte, die reines Quellwasser bot. Die Papierfabrik sollte hierher und in weiterem Umfange verlegt werden.

Aber woher das Geld zu diesem großen Unternehmen? Hatte Werner bisher viel gewagt, so war Alles wie ein Kinderspiel gegen ein Werk, dessen Herstellung mehr als 400,000 fl. erforderte. Nur die gewisse Ueberzeugung, daß die Reutlinger Papierfabrik nie zu einem wirklich rentablen Stand gebracht werden könne und er sich an derselben wie die früheren Besitzer doch verbluten müsse, und der feste Glaube, daß der Herr ihm in diesem Unternehmen seine gnadenreiche Hülfe werde erfahren lassen wie bisher, bestimmte Werner, diesen Riesenbau zu wagen.

„Als ich nach Dettingen ging", schreibt er in einem seiner Sendbriefe, „um mit dem Gemeinderath wegen des Baues zu unterhandeln, mußte ich die wenigen Groschen vorher zusammensuchen, die ich brauchte, um die Zeche zu bezahlen; so arm betrat ich den Platz, auf welchem viele Tausende verausgabt werden sollten. Als der Bau begann, wußte ich nicht, woher ich das Geld nur für die nächsten Tage nehmen sollte. Wenn ich die geistigen und materiellen Mittel meines Hauses mit der Vernunft abwog, so war diese Unternehmung vermessen, ja wahnsinnig zu nennen: auch hier wurde das Wort wahr: „„Wir sind Narren um Christi willen."" Aber Tag für Tag gab der Herr das Manna, freilich oft unter viel Sorgen und Kummer: oft verbarg Er Sein Angesicht und wir standen schmachtend vor dem Felsen, zweifelnd ob er auch Wasser würde geben: aber Er wollte durch den Verzug nur unseren Glauben proben, uns zu größerer Treue und Thätigkeit auffordern, uns zur Erkenntniß unserer Fehler und Mängel veranlassen ... Als der Grundstein gelegt wurde und ich den Bauplatz einsegnete, erhielten wir als Losung die köstliche Verheißung: „„Ich will dich segnen und sollst ein Segen sein (1. Mos. 12, 1—3)"". Seines Segens bedürfen wir so sehr für solch' großes Werk, und ein Segen für Andere soll es werden, dies ist unser einziges Bestreben." —

Und der Segen Gottes war auch sichtlich mit Werner, der Bau erwuchs, zwar langsam, aber solid, massiv aus in der Nähe gefundenen guten Steinen aufgeführt. Das Gebäude sollte 300' lang, 50' breit und drei Stock hoch sein; die Wasserkraft war so bedeutend, daß sie vermittelst eines riesengroßen Rades 24 Holländer und 5 Maschinen treiben sollte.

Die ganze Arbeit wurde von den Mitgliedern des Vereins unternommen, das Meiste in den Werkstätten desselben verfertigt, und trotz aller Armuth stieg der Bau empor und zog schon die Bewunderung der Vorübergehenden auf sich. Er sollte in Werner's Augen ein lebendiges Zeugniß für die hilfreiche Treue Gottes und für die Richtigkeit der seinem Unternehmen zu Grunde gelegten Grundsätze ablegen. „Er sollte", sagt Werner, „als ein Wunder erscheinen, das für Christum und Sein Wort zeugen würde, wie einst die Wunder, die Er gethan: ein Wunder, wie es allein in unsern Tagen überzeugend wirken kann: die Ausführung eines Werkes, welches die vorhandenen menschlichen Mittel und Kräfte in jeder Beziehung weit übersteigt, muß die Menschen zu der Ansicht bringen, daß hier eine höhere Kraft mitgewirkt hat: und darin liegt es eben, daß die Menschen die rettende gegenbringende Kraft des Christenthums erkennen und in Folge dieser Anerkennung sich zu demselben wenden."

„Die Vollendung des Baues wird überhaupt einen wichtigen Abschnitt in der Entwicklung unserer Gemeinde bilden. Sie wird dadurch der Welt beweisen, daß sie nicht nur Lebensfähigkeit besitzt, sondern eine große Zukunft vor sich hat, und daß sie die wichtige Aufgabe, die ihr gestellt ist, erfüllen wird; jetzt wird immer noch an der Möglichkeit ihres Fortbestandes gezweifelt, dann wird sich aber erweisen, daß sie für denselben eine feste Grundlage gewonnen hat, auf welcher immer weiter und großartiger fortgebaut werden kann", — (und an einer anderen Stelle) — „ich weiß, warum wir alle Kräfte daran setzen und arbeiten Tag und Nacht, um diesen Bau zur Vollendung zu bringen, wie es einst die Juden mit ihrem Tempel thaten; das Gelingen dieses Baues ist eine Lebensfrage für uns."

Endlich, nach jahrelangem Harren, Arbeiten und Sorgen war der heißersehnte Tag angebrochen, an welchem die Papierfabrik in Dettingen eröffnet und dem Herrn übergeben werden sollte. Der erste wohlgelungene Papierbogen wurde zuerst Werner feierlich gebracht. „Die Gefühle des Dankes", schreibt er damals, „die Gefühle des Dankes und der Freude lassen sich nicht beschreiben, welche unsere Herzen bewegten. Bis zum letzten Momente mußte es so sein, daß, was uns unmöglich schien, durch die Hülfe des Herrn dennoch möglich wurde, damit ja recht offenbar würde und es sich uns tief einprägte: „„Das hat der Herr gethan.""

Am 26. December 1861 wurde die Fabrik eingeweiht. Zweitausend Gäste hatten sich zu dieser großen Feier eingefunden, und als der jugendliche Sängerchor mit heller, lauter Stimme den Choral „Es ist der Herr" sang, da strahlte manches Auge voll Freude, perlte manche Thräne der Rührung, manche Bruderhand drückte warm die andere. Werner hielt über den 103. Psalm die Festrede. „Ich konnte nicht viele geistreiche Gedanken vorbringen", schreibt er in einem Briefe, „nur ein Gedanke erfüllte mich: Es ist der Herr — und von ihm zu zeugen, schien mir jetzt die heiligste Pflicht. In diese ungläubige Zeit muß ein ganz entschiedenes, auf unwiderlegliche Thatsachen gegründetes

Zeugniß, daß ein Gott ist, und daß der Bibel-Gott dieser Gott ist, hineingerufen werden, wenn die Menschen wieder Glauben gewinnen sollen. Ein solches Zeugniß konnte ich nun ablegen. Jedermann hielt es für unmöglich, daß wir dieses Werk ausführen könnten und hatte vollkommen Recht, wenn er unsere Kräfte in Anschlag brachte; noch in den letzten Wochen hieß es hier, daß ich dieses Werk nicht ausführen könne, sondern mich daran verbluten werde. Nun kam es doch zu Stande: ein thatsächlicher Beweis, daß ein Gott ist und daß Er auf uns wirklich achtet und eine wesentliche Hülfe uns gewährt. O, das ist köstlich, der Welt mit unwidersprechlichen Erfahrungen darlegen zu können, daß wir einen lebendigen und persönlichen Gott haben. Dies hätte ich immer wieder sagen mögen: Gott ist, und der Heiland Jesus Jehovah ist dieser unser Gott. Ich konnte mich nimmer besinnen, was ich Alles sagen wolle, nur Eines bewegte mich: Er ist, es ist keine Täuschung einen persönlichen Gott zu glauben und den Heiland als solchen anzuerkennen, an uns hat er sich einmal als lebendiger Gott bewiesen und Ihm wollen wir treu sein und bleiben in Allem und für immer."

Es erforderte beinahe drei Jahre bis die Papierfabrik so weit eingerichtet war, daß Eine Maschine mit 10 Holländern arbeiten konnte: es ging ein weiteres Jahr darüber hin, bis die zweite Maschine mit 10 Holländern in Gang gesetzt war. Der mangelnden Mittel wegen konnte die Herstellung der Fabrik nur langsam vor sich gehen: nunmehr beschäftigt sie 215, theils männliche (97), theils weibliche (118) Personen und gibt jährlich eine Brutto-Rente von 10 bis 15%.

Es erfolgt aber nie eine glückliche Lebensgeburt ohne Schmerzen, und Gustav Werner sollte es diesmal ganz besonders erfahren, er mußte wie durch eine Feuerprobe hindurch geführt werden. Die Harfen, deren freudige Accorde für die Einweihung der Papierfabrik in Dettingen geklungen hatten, mußten nun für eine lange Zeit an den Weiden hangen, die Krisis war ausgebrochen.

Der Bau der Papierfabrik hatte viele Anlehen erfordert, die sich jetzt in Schulden verwandelten. Die Feinde des Christenthums, leider auch unverständige Freunde desselben benutzten diese

Gelegenheit, üble Gerüchte, ja manche Verleumdungen über Gustav Werner zu verbreiten. Die Gläubiger, welche selber in Noth waren, verlangten dringend die Zurückzahlung ihrer Darlehen, aber ein ganzes Jahr hindurch war jede Zahlung unmöglich. Von verschiedenen Seiten fing das Vertrauen an zu schwanken, ja der Tadel über Werner's unvorsichtiges Unternehmen sich auszusprechen. Die Gegner colportirten diese Aeußerungen, und um so bereitwilliger, als auch die „Fliegenden Blätter aus dem Rauhen Hause", Jahrgang 1863, Seite 380, in eigenthümlich bedenklicher Weise sich vernehmen ließen.

Financielle Ein= und Vorsicht hatte wohl gefehlt. Da Werner bisher Alles so wohl gelungen war, hatte er vergessen, sich vor dieser neuen riesigen Unternehmung zuvor zu setzen und die Kosten zu überschlagen, ob er genug habe, die Sache auszuführen. Aber — wer wird einem so treuherzigen, so glaubenden, so uneigennützigen Manne es zum Verbrechen rechnen wollen, daß er so rasch und auf's Gerathewohl handelte, wenn er die gewisse Ueberzeugung hatte, nach Gottes Willen zu handeln? Es muß auch solche Männer geben, welche von Zeit zu Zeit durch ihre gläubige Unvorsichtigkeit den Christen, welche so leicht müde und faul werden, Gutes zu thun, eine Pflicht der Wohlthätigkeit auflegen. Sie können, vom Gesichtspunkte der menschlichen Weisheit angesehen, große Fehler machen, aber Gott der Herr sieht es anders an: Was thöricht ist vor der Welt, das hat Gott erwählet, daß er die Weisen zu Schanden mache, und was schwach ist vor der Welt, das hat Gott erwählet, daß er zu Schanden mache, was stark ist.

Wenn die Krisis für Werner und für sein Werk die Feuerprobe und Reinigung sein sollte, so sollte sie für die Welt ein Zeugniß mehr ablegen, daß dasselbe Werk ein von Gott gewolltes und von Ihm erhaltenes sei. So wurde sie auch von dem treuen Manne angesehen, und es ist wirklich rührend zu hören, wie er sich unter der Hand Gottes demüthigt. „Unsere Armuth und Blöße mußte vor der ganzen Welt aufgedeckt werden, es mußte offenbar werden, daß wir in jeder Hinsicht arm sind und völlig unzureichend für das Werk, das uns der Herr gegeben hat, auch daß wir viele Fehler und Mängel haben und in der

Ausführung unseres Werkes manches übersehen haben. Wenn es nun gelingt, so wird dem Herrn allein die Ehre werden, dem sie auch einzig gebührt und wird auch dies wahr werden, daß Er uns um unserer Sünde willen wohl züchtigt, aber nicht dem Tode übergibt, und daß eine Zeit kommen wird, in welcher er auch die Schande unserer Jugend von uns nehmen wird. Diese Zucht war uns auch nöthig, sie soll uns gründlich demüthigen, damit wir nie uns übersehen, als ob bei uns irgend Kraft oder Verdienst sei, soll uns zu größerer Treue und Einigkeit und Ordnung führen und manche Fehler wegschmelzen, die ohne dieses Feuer der Trübsal nur schwer sich abgelegt hätten: es ist ganz in der göttlichen Ordnung, daß dies Alles über uns gekommen ist."

Die Krisis zog auf Werner's Unternehmungen die Aufmerksamkeit mehrerer Menschenfreunde, besonders im Kanton Zürich. Durch ihre Thätigkeit wurde für die Befriedigung der dringendsten Gläubiger einstweilen gesorgt. Sie bildeten Hilfscomité's und riefen durch Aufsätze in den öffentlichen Blättern die Wohlthätigkeit für Unterstützung der Anstalten in Wirtemberg an, welche nicht bloß Wirtembergern, sondern auch Leuten von allen Gegenden Deutschlands und der Schweiz Lebensunterhalt und Versorgung dargeboten hatten. Namentlich gelang es dem unermüdlichen Eifer des Herrn Diaconus Hirzel in Zürich und des Herrn E. Passavant in Basel ein Anlehen von 150,000 fl. in Partial-Obligationen zu 500 fl., das auf die halb ausgebaute Dettinger Papierfabrik fundirt wurde, zu beschaffen, von welchen Obligationen durch Verloosung jährlich zehn heimbezahlt werden.

Die Thätigkeit dieser Wohlthäter genügte noch nicht, die Sache vollständig wieder herzustellen. Da mehrere unzufriedene und feindlich gesinnte Gegner ihre Forderungen bereits eingeklagt hatten, so mußte der Ertrag des eben erwähnten Anlehens fast nur zur Heimzahlung von Schulden verwendet werden und das für die Papierfabrik nöthige Betriebscapital, für welches dieses Anlehen hauptsächlich bestimmt war, fehlte wieder. Und als die Gläubiger fortfuhren, Schulden einzuklagen, sah sich Werner endlich, im November 1863, genöthigt, auf eine gerichtliche Vermögens-Untersuchung anzutragen. Die genau ausgeführte gerichtliche Aufnahme ergab einen Vermögenszustand von 1,503,562 fl. 17 kr., dagegen eine Schuldenlast von 1,406,720 fl. 52 kr., somit einen Ueberschuß von 96,841 fl. 25 kr. und stellte klar heraus, daß, wenn man auch Werner einen gewissen Mangel an wirthschaftlicher Besonnenheit, doch keineswegs Mangel an wirthschaftlicher Umsicht überhaupt oder gar sträflichen Leichtsinn vorwerfen konnte. Er hatte nicht unterlassen zu rechnen und zu überlegen, er hatte sich nur nach einer Reihe wachsender Erfolge schließlich zu viel zugetraut. Und wenn auch die financielle Wirthschaft nicht in vollkommener Ordnung war, so konnte man doch den Unternehmer von jedem, auch dem allergeringsten Verdachte freisprechen. Es stellte sich durch diese Untersuchung weiter heraus, daß die Werner'schen industriellen Unternehmungen im besten Zustande waren, daß sie sich ordentlich rentirten, daß ihnen nur ein genügendes Betriebskapital fehlte, ja daß statt dessen Schulden auf ihnen lagen, welche den guten Ertrag hemmten.

Die Anerkennung der Tüchtigkeit und Ehrlichkeit Werner's kam nicht nur auf gerichtlichem Wege zu Stande. Von allen Seiten wurden Zeugnisse des Zutrauens und der Hochachtung für ihn abgelegt. Wir müssen eins erwähnen: es ist ein Brief einer Dame, der Gräfin V. B. M. an das Königl. Oberamtsgericht Reutlingen, das diese zur Geltendmachung ihrer Ansprüche aufgefordert hatte:

"Die ganz ergebenst Unterzeichnete erlaubt sich dem Kgl. Oberamtsgericht freundlichst zu danken für die von demselben erhaltene Mittheilung."

"Die Unterzeichnete erklärt, daß der edle Gustav Werner ihr nichts schuldet, daß aber sie ihm zu ewigem Danke verpflichtet ist und bleibt, weil sie bei ihm Alles fand, was sie bei vielen Anderen umsonst suchte: die barmherzige thätige christliche Liebe."

"Möge das theure Vaterland des hochverehrten Mannes seinen vollen Menschenwerth erkennen, **so lange er lebt!** Mögen seine Wirtembergischen Mitbürger, möge ganz Deutschland ihm nie ein Monument setzen von Stein oder Erz! Mögen sie aber den Stein ihm heben helfen, der sein seltenes Herz beschwert, damit sie ihm im Leben stets und treu zur Seite stehend, sich selbst zu ehren wissen, indem sie ein solches Juwel zu erkennen vermögen."

Solche Gefühle waren in mehreren Herzen und Werner wurde reichlich, nicht nur materiell mit Gaben, sondern auch moralisch durch rege Theilnahme unterstützt. Seine Freunde faßten nun den Entschluß, dem Werke eine solide Stütze zu schaffen, indem sie eine förmliche Actien-Gesellschaft zu gründen suchten, welche die ganze financielle Leitung der industriellen Unternehmungen übernehmen sollte. Das Zustandekommen einer solchen konnte Werner vergewissern, daß die Wahrheit, welche er vertritt, und die Form, in welcher er ihr die für die Bedürfnisse unserer Zeit entsprechende Gestalt zu geben sucht, Aufnahme gefunden habe unter dem Volke und nicht verworfen werde, ja es schien die Actienzeichnung der richtigste Weg zu sein, auf welchem der Theil des Volkes, welcher seinen Kern bildet, seine Theilnahme an der Sache nicht bloß aussprechen, sondern auch bethätigen und eine Mitwirkung an der Realisirung der Idee erhalten konnte. Andererseits lag aber auch in der Actien-Gesellschaft für die Idee eine große Gefahr, indem die Werner'schen Unternehmungen, namentlich die industriellen, eine Sache der Speculation werden konnten, wodurch eben die Idee völlig verdrängt würde. Wenn aber Männer voll Treue und Hingebung sich betheiligen und ein Verwaltungsrath gewählt wird, der die Idee oder den Zweck anerkennt und in seiner vollen Geltung beläßt und fördert, so erhält die Werner'sche Sache durch den Beitritt solcher Männer Stützen und kann sich kräftiger entwickeln und ausbreiten. Nach solchen Erwägungen entschlossen sich Werner und seine Freunde zur Bildung der Actien-Gesellschaft.

Es kostete viel Mühe, bis man dieselbe organisirt hatte. Das Vertrauen war noch nicht allgemein und die Zeichnung der Actien ging sehr langsam und spärlich vor sich. Hier noch half die aufopfernde Liebe durch. Als es noch völlig ungewiß war, ob der Actienverein werde in's Leben treten können, wurde für denselben aus Rhein-Preußen gezeichnet und von Frankfurt a. M. trafen durch die unermüdliche Thätigkeit des Dr. Schlemmer, des Pfarrers Basse und des jetzigen Predigers Dr. Dreydorff in Leipzig die Gaben mehrerer Menschenfreunde ein. Die Wirtembergische Regierung gab, von den Landständen aufgefordert, 50,000 fl. zur Actien=Gesellschaft und durch diese Unterstützung die Manchem nothwendige Garantie. Von Hessen, Sachsen, Baden wurde auch geholfen. Nach Preußen wandte sich Werner auch. Vermittelst des K. General=Secretairs und Geh. Reg.=Raths von Salviati wurde das K. Ministerium der Landes=Oekonomie ersucht, mit einem Darlehen Werner's Sache zu unterstützen, doch der herannahende Krieg von 1866 erlaubte demselben nicht mehr, als ein „ganz besonderes Interesse" auszusprechen. Trotz allen Schwierigkeiten wurde der Actien=Verein gegründet und durch seine Thätigkeit die financielle Lage der Anstalten nach und nach gebessert.

Die eingeklagten Schulden sind nunmehr bezahlt, an den versicherten Schulden, die nicht eingeklagt waren, wird sogar abbezahlt, die noch übrigen Schulden sind in Actien verwandelt. Jedoch kommt von dieser Seite noch mancher Druck, der übrigens nur Werner persönlich trifft. Werner gab nämlich den Gläubigern, welche zur Umwandlung ihrer Anlehen in Actien sich geneigt zeigten, die Zusage, daß er die rückständigen Zinsen von 3—4 Jahren, die der Actien=Verein nicht übernahm, nachzahlen wolle; ohne diese Zusage wäre der Actien=Verein nicht zu Stande gekommen. Auch hält sich Werner noch heute für alle Schulden, die er gemacht hat, nebst Zinsen, für moralisch haftbar, daher auch die Besitzer von Actien, die dieselben in Baar umgesetzt wünschen, meist, weil sie die baaren Mittel wirklich brauchen, stets ihn um Auslösung ihrer Actien angehen. So werden denn Alle, welche ein wahres Interesse an der immer regeren Fortführung der Armen=Fürsorge in den Werner'schen Anstalten nehmen, ihrer wohlthätigen Gesinnung für diese einen Ausdruck geben, wenn sie Werner durch ihre Gaben in Stand setzen zur Amortisation jener Actien Lit. B. mehr zu thun, als er mit den bisherigen Mitteln zu leisten im Stande gewesen ist, oder wenn sie selbst solche Actien Lit. B., die bei Werner stets zu haben sind, zum vollen Courswerth kaufen. Der Zweck der Actien=Gesellschaft, allen Creditoren resp. Actionairen ihr Geld, Zins und Kapital wieder zu erstatten und nach 20 Jahren oder vorher Werner und den Seinigen die Anstalten ohne Schaden irgend Jemandes wieder zuzuwenden, wird wohl am besten erreicht werden, wenn die Amortisation der Actien Lit. B. zuerst bewirkt und dann in der Weise weiter gegangen wird, daß zuerst Gustav Werner und seine Hausgenossen und dann diejenigen, welche mit diesen aus freiem Antrieb Armenfürsorge erstreben und somit freiwillig Actionaire bleiben wollen, die Anstalten ohne Verlust für sich übernehmen können. Dieses im Auge habend, bildeten sich schon mit dem Beginn des Actien-Unternehmens, im Jahre 1866, Hilfsvereine: ein Frauenverein und ein Kreuzerverein, und wir können von dem letzteren, dessen Hauptzweck es ist, Werner es möglich zu machen, den vielen Anforderungen der Zinsgläubiger von früher etwas mehr genügen zu können, das erfreuliche Resultat berichten, daß er im ersten Jahre, $1866/67$ die Summe von 2921 fl. 43 kr., im zweiten, $1867/68$, 6786 fl. 6 kr. bot und ferner mit gleichem Erfolge wirkt.

Schon während der Krisis, ganz besonders aber durch den Actien-Verein wurden mehrere Zweig-Anstalten verkauft. Es bleibt zu hoffen, daß nach dem Rückkauf der eben erwähnten Actien der unbevorzugten Gläubiger Werner durch die ihm zukommenden Liebesgaben in Stand gesetzt sein werde, solche zum Wiederkauf einiger Zweiganstalten verwenden zu können.

Die Statuten des „Actien-Vereins zum Bruderhaus" sind diesem Schriftchen als Anhang beigegeben. Nach ihnen ist die ganze wirthschaftliche Leitung dem Aufsichtsrathe des Actien-Vereins übergeben, und von den durch diesen ernannten Mitgliedern des Vorstandes werden die weder der General-Versammlung noch dem Aufsichtsrathe zugewiesenen Geschäfte besorgt.

Der Aufsichtsrath, aus 9 Mitgliedern bestehend, hat gegenwärtig an seiner Spitze als Präsidenten den Rechtsanwalt Fetzer in Stuttgart und als Vice-Präsidenten den Regierungsrath Holland ebendaselbst. Möchten beide Herren dieser Stellung noch lange erhalten bleiben!

Der Vorstand besteht

a) Aus Gustav Werner, der in der geistlichen Leitung sämmtlicher Rettungsanstalten und ihrer Angehörigen, in den Maßregeln zur Förderung des in denselben herrschenden Geistes der Liebe und Aufopferung, in der Erziehung der in den Anstalten versorgten Kinder seine unabhängige Stellung behalten hat und an die Zustimmung des Vorstandes resp. des Aufsichtsrathes nur in so weit gebunden ist, als es sich um die pecuniären Mittel für die Erreichung dieser Zwecke handelt;

b) aus einem besoldeten Direktor, gegenwärtig Herr E. Munz, und

c) aus einem zweiten Direktor, welcher die Kassengeschäfte zu besorgen hat und welche Stelle gegenwärtig Herr J. H. Göppinger, Kaufmann in Reutlingen, übernommen hat.

Gustav Werner hat von dem Verein selbst wieder die Rettungshäuser in Reutlingen und Dettingen und die Anstalten in Alpirsbach, Geißingen, Göttelfingen, Spielberg, Walddorf und das Gut Fluorn in Pacht genommen und erhalten, in eigener Bewirthschaftung sind dem Verein verblieben die vereinigten Werkstätten in Reutlingen und die Papierfabrik in Dettingen.

Das Aktiv-Vermögen des Actien-Vereins repräsentirte im Jahre 1869 ein Kapital von . . 1,174,424 fl. 4 kr., das Passivvermögen . . . . . 330,868 „ 45 „ mithin war der reine Vermögensstand 843,555 fl. 19 kr.

Im ersten Jahre des Actien-Vereins, 1866/67, bot derselbe den Actionairen keine Dividende, im zweiten, 1867/68, eine von 2%, im dritten, 1868/69, eine solche von 4%. Der Verein hätte im ersten Jahre etwas über $1/2$%, im zweiten $3^1/3$% und im dritten $6^1/2$% Dividende zahlen können. Die Actionaire verzichteten indeß auf den Vorschlag des Aufsichtsrathes zu Gunsten der Anstalten auf eine höhere als die oben angegebene Dividende. Die so erlangten Ersparnisse werden zur Bildung eines Reservefonds verwandt werden, welcher dem Aufsichtsrath zu freier Disposition gestellt, zur Abzahlung der Schulden des Vereins und zur Verbesserung der Dividenden in Fehljahren dienen soll. So ist es wenigstens der Wunsch wohl der Mehrzahl der Actionaire.

Wir geben nachfolgend eine Uebersicht des gegenwärtigen Bestandes der Anstalten:

Personen-Bestand am 1. Januar 1870.

	Hausgenossen				Versorgte						Zusammen Hausgenossen u. Versorgte		Gesammt-Kostgeld		Bemerkungen
	über 14 Jahre		bis 14 Jahre		arbeitsfähig		schwach, alt u. kränkl. gepflegt		Kinder				fl.	kr.	
	männl.	weibl.	männl.	weibl.	männl.	weibl.	männl.	weibl.	männl.	weibl.	männl.	weibl.			
Alpirsbach	—	4	—	—	—	—	5	5	3	5	8	20	379	—	
Dettingen { Fabrik	3	5	—	—	21	49	9	4	2	6	37	89	1305	20	Dabei 4 Lehrlinge.
{ Haus	4	11	—	—	4	14	11	8	6	1	44	28	1418	—	
Klavorn	6	6	—	—	15	10	16	12	—	—	28	—	145	—	
Gessingen	2	3	1	—	5	—	—	2	3	5	8	—			Dabei 6 Zöglinge der Landwirthschaft. 3 Schusterlehrlinge.
Reutlingen	—	68	2	4	66	48	23	25	32	16	141	161	5564	31	Dabei 1 Schusterlehrling.
															1 Lehrer 5 Gieser
															1 Kaufmann 2 Schreiner
															2 Zeichner 7 Handweber
Spielberg	18	2	—	—	—	1	—	1	2	6	2	10	336	—	1 Dreher 2 Schneider
Waldorf	—	2	—	—	—	2	—	3	6	1	6	8	263	—	1 Schlosser 5 Schuster
Zusammen: Rettungs-Vereins-Anstalten	34	104	3	6	117	133	50	57	49	29	253	329	9824	51	7 Schneide
													549		Auf. 42 Pers.
Hierzu																
Altenstaig	2	4	—	—	3	3	3	1	3	2	12	14	130	—	
Ober-Eßlingen	2	5	1	—	2	6	11	8	12	5	27	26	778	—	
Robt	1	2	1	—	3	8	7	5	13	5	25	19	823	20	
Ebersbach	1	2	—	—	3	7	5	5	—	—	7	10	455	20	Dabei ein Tuchmacherlehrling.
Wilhelmsglück	1	3	1	—	3	5	5	4	—	2	10	11	100	—	
Zusammen	7	15	3	1	12	24	31	26	28	14	81	80	2286	40	
Ganze Summe	41	119	6	7	129	157	81	83	77	43	324 743	409	12111	31	

Vom Ausland sind versorgt aus:

Amerika	. 1			
Baden	4			
Baiern	4	darunter	2	Kinder
England	. 1			
Frankreich	4	„	3	„
Hessen	. 13	„	5	„
Oldenburg	1			
Preußen	. 30	„	6	„
Rußland	. 1			
Sachsen	. 5	„	2	„
Schweiz	. 60	„	9	„

zusammen 124, darunter 27 Kinder.

Um nicht mit zu vielen Tabellen zu ermüden, schicken wir der nachfolgenden Uebersicht des Personal-Bestandes der Rettungs-anstalten einen ausführlicheren Nachweis des Personen-Standes der Anstalt Dettingen voraus, da analoge Verhältnisse in den übrigen Anstalten stattfinden. Es befanden sich am 1. Januar 1870 in der Anstalt Dettingen: 49 männliche, 89 weibliche, zusammen 138 Personen.

Hiervon waren 1) in der Papierfabrik beschäftigt: 24 männliche, 54 weibliche, zusammen 78 Personen.

Voller, zum Unterhalt zureichender Lohn, mit täglich 24 kr. und darüber wird für 12 männliche, 26 weibliche Personen; geringerer Lohn für 12 männliche, 28 weibliche Personen von der Papierfabrik an das Rettungshaus vergütet.

Der ganze tägliche Arbeitsverdienst der 78 Personen beträgt 31 fl. 47 kr. und macht durchschnittlich auf eine Person 24½ kr.;

2) mit Haus-, Hof- und Feldarbeit beschäftigt: 20 männliche, darunter schwach, alt und krüppelhaft 9 Personen, und 35 weibliche, darunter schwach, alt und krüppelhaft 7 Personen.

Was die Hausgenossen insbesondere betrifft, so sind
1) in der Fabrik beschäftigt (obigem Stande von 78 Personen eingerechnet), 3 männliche, 5 weibliche, zusammen 8 Personen,
2) bei der Oekonomie beschäftigt (obigem Stande von

55 Personen eingerechnet), 4 männliche, 11 weibliche, zusammen 15 Personen.

Diese Angaben mögen auch dazu dienen, zu zeigen, wie wohlfeil und zweckmäßig Arme in einer solchen Fabrik versorgt und beschäftigt werden können, wenn ein Rettungshaus damit verbunden ist. Dasselbe kann für 24 kr. täglich eine erwachsene Person nähren und kleiden, und so viel beträgt fast auf den Kreuzer hin der durchschnittliche Verdienst der dem Rettungshaus angehörigen Arbeiter. Diejenigen, welche mehr arbeiten, lassen freilich den Ueberschuß ihres Lohnes aus Liebe denjenigen zukommen, die minder verdienen, denn in der Fabrik wird nur die Arbeit verwerthet und bezahlt. (Uebersicht siehe folgende Seite.)

Wir fügen zu besserer Kenntnißnahme der Verhältnisse in den Rettungs-Anstalten der nachstehenden Uebersicht die Mittheilung hinzu, daß für die Pachtung der zu den Rettungshäusern Alpirsbach, Dettingen, Fluorn, Geisingen, Göttelfingen, Reutlingen, Spielberg und Walddorf gehörenden Liegenschaft und Fahrniß die Forderung des Actien-Vereins für das Rechnungsjahr 1869/70 mit (rund) 14,000 fl. schon April 1870 aufgebracht und die vollständige ordentliche Verpflegung des Gesammtpersonals unter Zuschuß von den (rund) 12,000 fl. betragenden Pfleglings-Kostgelde und wohlthätigen Beiträgen, die im Verhältniß der vielen verpflegten Armen gering sind, durch die verschiedenen Arbeitsleistungen erreicht wurde.

Bei dem in Einnahme verrechneten Kostgelde von 12.000 fl. fallen bei 570 Pfleglingen auf einen Pflegling durchschnittlich Ein und Zwanzig Gulden.

Der jährliche Pensionsbetrag der aufzunehmenden Kinder richtet sich je nach den Vermögensverhältnissen und beträgt 30—40—50—80 fl. Als Entschädigung für Kleidung und Schuhzeug werden 10—25 fl. abgezahlt.

Der Pflegling hat beim Eintritt in die Anstalt mitzubringen: ein Bett mit doppeltem Ueberzug — in der Regel ohne Bettgestell — oder dafür eine Bettmiethe von 14 fl. zu entrichten. Ferner

ein männlicher Pflegling:

4 Hemden, 2 Paar Unterhosen (bei Bedarf), 3 Paar

37

Anstalten.	Personen.	Güter in Morgen.	Werth der Liegenschaft. fl. kr.	Werth der Fahrniß. fl. kr.	Zusammen. fl. kr.	Bemerkungen.
Alpirsbach	23	1 7/8	4705 —	4844 7	9549 7	Ladengeschäft und Strickerei-Arbeiten (gewöhnliche Schule und Kleinkinderschule).
Dettingen	133	40	76432 28	12500 49	88933 17	Beschäftigung in der Papierfabrik des Actien-Vereins und bei der Landwirthschaft.
Aluorn	65	350	90000 —	30000 —	120000 —	Landwirthschaft und Mühle wird hier größtentheils mit Leuten mangelhafter Begabung betrieben.
Oeitingen	13	25	8471 —	1091 38	9562 38	Landwirthschaft und Schäferei; hat gutes Feld und könnte noch mehr Personen ernähren.
Göttelfingen	20	62	17000 —	5959 58	22959 58	Landwirthschaft auf magerem Boden, Laden-Geschäft und Strickerei.
Reutlingen	302	50	105000 36	30489 3	135489 39	Beschäftigung in den verschiedenen Gewerben einer mechanischen Werkstätte des Actien-Vereins, so wie bei der Landwirthschaft und Schäferei des Rettungshauses, weibl. Personal in größeren Strickwaaren und Wäscherei-Geschäft. Gewöhnl. Schule und Kleinkinder-Schule.
Spielberg	12	1	1636 —	1021 21	2657 21	Laden, Strickerei und Gartenbau.
Waldorf	14	3	4469 —	1496 41	5965 41	Feldbau, Strickerei und Kleinkinderschule.
Ferner						
Altenstaig	26	10	13000 —	17000 —	30000 —	Rothspinnerei, Tuchweberei und Laden.
Ober-Eßlingen	53	62 7/8	40000 —	10000 —	50000 —	Landwirthschaft und Strickarbeiten.
Rod	44	70 7/8	28000 —	5000 —	33000 —	Landwirthschaft auf magerem Boden, Strickarbeiten. Gewöhnliche Schule.
Egenaböd	17	60	6000 —	2500 —	8500 —	
Wilhelmsglück	21	31 3/4	15000 —	3500 —	18500 —	Landwirthschaft auf magerem Boden, Feldbau, Ziegelei und Wirthschaft.
Zusammen	743	766 1/8	409714 4	125403 37	535117 41	

Hiervon Hausgenossen 173, bleiben Pfleglinge 570.

baumwollene Socken oder Strümpfe, 3 Taschentücher, 2 Handtücher, 1 Waschschüssel, 1 Kanne, 2 Paar gute Stiefel oder Schuhe, einen Koffer oder Kasten, und für den Sonntag: 1 Rock oder Jacke, 1 Paar Tuchbeinkleider, 1 Weste, 1 Hut oder Mütze, 1 Halstuch, und für den Werktag: 2 Wämser oder Jacken, 2 Paar Beinkleider von besserem Zeug, 2 Westen, 1 Mütze, 1 Halstuch;

ein weiblicher Pflegling:

4 gute leinene Hemden, 3 Paar baumwollene Strümpfe, 3 Paar wollene Strümpfe, 3 Taschentücher, 2 Handtücher, 1 Waschschüssel, 1 Kanne, 2 Paar gute Schuhe, 1 Koffer oder Kasten, und für den Sonntag: 1 Kleid, 1 Schürze, 2 Halstücher, für den Werktag: 2 Oberkleider, welche auch in Röcken oder Kitteln bestehen können, 2 Unterröcke, 3 Schürzen, 2 Halstücher.

Weiter theilen wir mit, daß die Kinder unter 14, auch Pfleglinge bis zu 18 Jahren Morgens Milchsuppe, um 10 Uhr Brot, Mittags Suppe und Gemüse wie die Erwachsenen erhalten; dreimal in der Woche gibt es Fleisch, zum Vesper Brot, manchmal als Zugabe Milch oder Obst, die älteren Most, Bier oder Kaffee, Abends Suppe und Milch oder statt dieser Salat. Brot immer so viel wie bedürftig ist.

Die größeren Kinder schlafen in Sälen, die kleineren Kinder in Zimmern, je in einschläfrigen Betten und fortwährend unter Aufsicht.

Kranke Kinder haben ihre besondere Verpflegung in der Kranken-Abtheilung, wo in der Regel täglich ärztlicher Besuch stattfindet, früher und bis heute unentgeltlich von menschenfreundlichen Aerzten, zur Zeit von Dr. Zeller.

Die Kinder haben 6—7 Unterrichtsstunden, die kleineren 2, die älteren drei Arbeitsstunden. Den Religions-Unterricht ertheilt Gustav Werner, den evangelischen Konfirmanden der Ortsgeistliche, den Katholiken ebenso.

Des Sonntags finden in der Anstalt zwei religiöse Versammlungen statt, Mittwoch Abends ist Betstunde, und dreimal in der Woche, früh von 5—6 Uhr, Betrachtung eines Bibelabschnittes. Die Lehrlinge haben Sonntags einem Vortrage im Hause oder einer Predigt in der Kirche anzuwohnen, den Erwachsenen ist der Besuch des Gottesdienstes im Hause oder in der Kirche freigestellt.

Jeden Sonntag Nachmittag finden im Sommer bei günstiger Witterung Excursionen in die Umgegend, oft in eine Entfernung von 2 bis 3 Stunden statt; im Winter werden Abend-Unterhaltungen mit Gesang, Declamation, Vorlesungen, auch Spiele veranstaltet.

Die sociale Bedeutung der Werner'schen Anstalten.

Wenn man heut' zu Tage die Worte „sociale Frage" mißbrauchт, wenn sie überhaupt für die Meisten ein bloßer Wortlaut ist, so kann man doch nicht leugnen, daß es sociale Verhältnisse gibt, aus welchen sociale Plagen hervorgehen können und an welche sich mehrere sociale Fragen anknüpfen. Das Armenwesen, der Arbeiterstand, die Fürsorge für hilflose Kinder und ihre Erziehung, die richtige Theilung oder besser ausgedrückt: die vernünftige Mittheilung des Reichthums sind die wichtigen Momente der sogenannten socialen Frage. Dies sind auch die besonderen Punkte, in welche wir unsern Ueberblick über Gustav Werner's Werk theilen wollen.

Werner hatte erkannt, daß die Hauptursache der steigenden Armuth in den großen Erfindungen und Entdeckungen der Neuzeit zu finden sei, in der Verdrängung der Handarbeit durch Maschinen, der daraus nothwendig weiter folgenden Gründung großartiger Geschäfte und Concentrirung der Arbeit auf einzelne Punkte, der Bedrückung oder Vernichtung der kleineren Gewerbe, dem Herabsinken des Mittelstandes, des bisherigen Trägers der Gesellschaft, zur Besitz- und Erwerblosigkeit, zum Proletariat. Das bisher auf viele Punkte vertheilte Kapital häuft sich auf immer wenigeren Punkten an und erlangt ein Uebergewicht über die Arbeit, das die Gesellschaft in die Länge nicht zu ertragen vermag, mit einem Worte: die Nahrungsquellen strömen nicht mehr befruchtend über das ganze Volk hin, sie beschränken sich auf immer kleinere Kreise und die große Masse verschmachtet in Armuth und Noth. Dabei sind die Arbeitslöhne gedrückt und genügen oft nicht, nur die nothdürftigsten Lebensbedürfnisse zu befriedigen.

Der Bestand der Gesellschaft gründete sich bis jetzt auf das gegenseitige Bedürfniß, die Noth und das ihr entstammende Recht hielt eigentlich die Menschen zusammen. Dieses Band ist hierzu nicht mehr fähig, da die Gesellschaft zur Befriedigung ihrer Bedürfnisse eine große Zahl ihrer Mitglieder nicht mehr bedarf. Die Arbeitslosen mit Almosen nachschleppen können wir nicht, noch weniger sie dem Hunger überlassen, es muß also ein neues Band der Gesellschaft gesucht werden, und dies ist kein anderes als die Liebe, die uns Christus gelehrt hat. Das Christenthum hat den Menschen vom Gesetz frei gemacht und damit die alten Staaten gebrochen, in welchen die Einzelperson nichts galt und nur das Ganze, der Staat, durch's strenge Gesetz zusammengehalten, Geltung hatte, und gab die Bruderliebe als einigendes freies Band. Dies wurde aber noch nicht um die Gesellschaft geschlungen, und so entwickelte das Individuum oder die Einzelperson seine Rechte und Ansprüche bis auf einen Grad, daß jetzt die Gesellschaft sich aufzulösen droht. Die christliche Bruderliebe nun zur Anerkennung und Herrschaft zu bringen, ehe die Masse der Arbeitslosen so hoch angeschwollen ist, daß sie von derselben nicht mehr bewältigt werden kann und sie alles Bestehende mit sich fortreißt, wo sie dann erst und wer weiß wie lange, nach vollendeter Verwüstung ihr schönes Reich aufbauen kann, das ist die große Aufgabe unserer Zeit. Ganz insbesondere wird es der Protestantischen Kirche obliegen, die Liebe und das ihr entstammende Recht zur Herrschaft in der Gesellschaft zu erheben, da sie allein es vermag, dadurch der Menschheit den größten Dienst leistet und sich selbst ihren Bestand und ihre Geltung sichert, die gegenwärtig so sehr bedroht werden. Sie muß der Liebe eine freie Entwicklung in ihrem Schooße verstatten, ihr das Thor öffnen, was freilich nur mit Beseitigung der Glaubenssätze geschehen könnte, welche den Glauben auf Kosten der Liebe und guter Werke hervorheben, dann wäre Hoffnung da, daß die

Gesellschaft vor einer Ueberfluthung ihrer auflösenden und zerstörenden Theile bewahrt bliebe und die Kirche selbst die für ihre Selbsterhaltung nothwendige höhere Entwicklungsstufe gewönne.

Ist dies nicht möglich, so wird es doch möglich sein, kleinere Gemeinschaften als rettende Archen zu erbauen, welche den Flüchtigen aus den Trümmern der untergehenden Welt eine Zufluchtstätte bieten und die Keime der künftigen Entwicklungsstufe in sich ausbilden. Werner hofft nun, ja er ist des festen Glaubens voll, daß es ihm möglich werde, an einem kleinen Kreise seinen Mitmenschen zu beweisen, daß die Liebe es einzig vermag, die großen Aufgaben unserer Zeit zu lösen und namentlich den arbeitslosen und überflüssigen Theil der Gesellschaft wieder als ein nützliches und willkommenes Glied in dieselbe einzureihen. Sie wird durch ihre sanfte Gewalt und auf dem Wege der freien Ueberzeugung vermögen, den Lohn der Arbeit entsprechend zu regeln, da sie die Besitzenden lehrt, sich nur als Haushalter zu betrachten, die einem Jeden seine Gebühr geben; sie wird neue Arbeitsquellen eröffnen, indem sie das geistige und leibliche Wohl der Menschen zu fördern sucht und hier ein weites, noch sehr wüst liegendes Arbeitsfeld findet, für welches sie die müßigen Arbeitskräfte zweckmäßig zu verwenden wissen wird. Dies möglich zu machen, muß sie sich in den Besitz der Mittel und Vortheile setzen, welche die neueren Erfindungen gewähren und in dieser Beziehung die Reiche der Welt einnehmen.

Die Rettungsanstalt in Reutlingen, ursprünglich für Aufnahme und Erziehung armer verlassener und verwahrloster Kinder bestimmt, ist das erste Haus der Werner'schen Anstalten, welches für diesen Zweck thätig war, daher der Name „Mutterhaus." Die weiteren Häuser, Anstalten und Fabriken, die später gebildet wurden, sind Töchter dieses Hauses in innerlicher und äußerlicher Beziehung. Söhne und Töchter, von seinem Geiste gezeugt, theilweise in dem Mutterhause aufgezogen und von seinen mütterlichen Armen getragen, wirken je nach ihrer Neigung und Begabung auf dem weitverzweigten Felde der Liebe und das Mutterhaus leistet ihnen stets die nöthige innere und äußere Handreichung. Später gab Werner dieser Anstalt und allen aus ihr erwachjenen Zweigen den weiteren Namen: „Gottes Hilfe", da das ganze Werk zur Ehre Gottes unternommen, nur durch den Schutz und die Hilfe Gottes gedeihen kann, wie auch arme verlassene Menschen in demselben die Hilfe von Gott finden sollen.

Das Eigenthümliche der Werner'schen Schöpfung in Betreff der Kinder-Erziehung liegt darin, daß die Kinder wirklich zu Menschen ausgebildet und im weitesten Sinne des Wortes erzogen werden.

In den bisherigen Waisenhäusern, selbst in den nach Pestalozzi's, Fellenberg's und Wehrli's Grundsätzen gegründeten, fehlten wichtige Momente der vernünftigen Volks- und Armen-Kindererziehung. Von den ersten wurden die Kinder stumpf und unentwickelt in's Leben entlassen, weil die bloße Sorge für die physische Gesundheit und die nothdürftigen Schul- und Katechismus-Kenntnisse gar nicht die Aufgabe der Erziehung für das Leben lösen. Nicht in der Abgeschlossenheit vom bürgerlichen und wirthschaftlichen Volksleben lernt die Jugend sich zu einer würdigen Stellung im Leben vorbereiten, sondern nur wenn sie vom ersten Lebensalter an das Leben und den Verkehr der Menschen kennen lernt. Das Kind lernt nicht einmal die Sittlichkeit gegen die Lockungen der Welt wahren, wenn es von allem Umgang mit der Welt und ihren Versuchungen fern gehalten wird. Ganz vernachlässigt wird in solchen Zwangs-Anstalten die Pflege des Gemüths, die Behandlung der Einzelnen nach den Bedürfnissen ihrer Individualität, denn statt der erziehenden Hand, welche jedes Kind mit Liebe überwacht und sorgsam lenkt, mahnt und erfreut, zeigt sich nur die gebietende des Aufsehers, Wächters und Lehrers. So gelangen erfahrungsmäßig nur in den seltensten Fällen die aus diesen Waisenhäusern entlassenen Kinder zu einer ehrenvollen und glücklichen Stellung.

Den zweiten vorhin genannten Erziehungs-Anstalten fehlten auch zwei wesentliche Momente: ein genügendes Maß freier Bewegung und die Anschauung wirthschaftlicher Mühen und Sorgen. So ärmlich es auf den Tischen auch bestellt sein mag, der Tisch solcher Institute ist für ihre Kinder immer gedeckt, für Obdach und Kleidung ist immer gesorgt, wenn auch der brave Unternehmer der Anstalt vor Sorgen der Nachtruhe entbehrt. Nicht als denkende Menschen arbeiten da die jungen Gehilfen für das ihnen übertragene Pensum, sondern als Theile einer Maschine, von den Erfolgen ihrer Arbeit wie von den Mißerfolgen geistig unberührt. Nimmt sie nach zurückgelegter Lehrzeit das bürgerliche Leben auf, so treten sie mit einer einseitigen mechanischen Ausbildung in die Welt ein, unvermögend die Concurrenz mit den in der Familie und den Anschauungen des bürgerlichen Lebens und Berufs ausgebildeten Menschen zu bestehen.

Dies ist die nothwendige Folge der fehlenden freien Bewegung, der Abgeschlossenheit von dem Getriebe der Welt mit ihren tausendfachen Erscheinungen, vielgestaltigen Zuständen, Licht- und Schattenseiten, Genüssen und Plagen. Das Kind genießt täglich sein Stück Brot, weiß aber schwerlich wie man das Korn säet, erntet, mahlt, backt und verkauft. Es lernt in seinen Mauern nur seinesgleichen oder gute und theilnehmende Menschen kennen, ihm fehlt der Umgang mit Menschen anderer Art und darum nicht nur Menschenkenntniß, sondern auch die Gelegenheit, sich die Kunst anzueignen, die Menschen gehörig zu behandeln und sich geneigt zu machen.

In dieser Hinsicht begründet das Auftreten Gustav Werner's, des Schwäbischen Armenfreundes, eine neue Epoche in der Geschichte des Armen-Kinder-Erziehungswesens. In Werner's Anstalten werden die Kinder nicht bloß dressirt, sondern erzogen. Sind die Hauptfactoren aller Erziehung Lehre und Beispiel, so wird wohl keinem Denkenden entgehen, wie vollständig solche in der Werner'schen Schöpfung vertreten und ausgestattet sind. Man sollte in der Zeit der entwickeltsten Kultur doch endlich aufhören, unter „Lehre" bloß Lesen, Schreiben, Rechnen und Katechismus zu verstehen. Das sind ja bloße, wenn auch wichtige Hilfskenntnisse, mit denen allein der Mensch sich in dem immer schwieriger werdenden modernen Leben nimmermehr durchhelfen kann, auch wenn ihm noch die äußeren Handgriffe einer gewerblichen Profession beigebracht und in's Leben mitgegeben werden. Zur wirthschaftlichen Rüstigkeit gehören namentlich nicht bloß gesunde Glieder und körperliche Pflege, sondern die Ausbildung der Geisteskräfte. Das Kind muß das Getriebe des bürgerlichen Verkehrs, die Eigenthümlichkeiten des Wirthschaftslebens von Jugend auf kennen lernen, die Menschen wie sie sind mit Tugenden und Schwächen und Vorurtheilen. In den Werner= schen Anstalten steht den Kindern das Bild einer geordneten spar= samen und denkenden Wirthschaft fortwährend vor Augen, sie lernen die Eigenthümlichkeiten des landwirthschaftlichen und ge= werblichen Berufes, die geschäftlichen Schwierigkeiten und Vor= theile aus vieljähriger Anschauung und praktischer Uebung kennen, da die Anstalten der Betrachtung der Arbeitenden stets ausgesetzt sind. Das Kind lernt in einer Umgebung, wo Alles arbeitet, mit Freudigkeit arbeiten. Es sieht, wie man kauft und verkauft, Gewinn oder Verlust macht, besonders auf den landwirthschaft= lichen Kleingütern und in den Werkstätten gewerblichen Kleinbe= triebes der Anstalt.

Aber diese Erziehung wird nicht den Kindern allein ge= stattet. Werner bildet nicht nur Waisen und Schwache zu brauch= baren Menschen, auch den Erwachsenen kommt er zu Hilfe. Er entzieht sie der Armuth und Sorge, weist ihnen, die, wenn auch an sich arbeitsfähig und tüchtig, doch zur selbständigen Berufs= stellung nicht stark genug sind, einen ehrenvollen Platz in der bürgerlichen Gesellschaft an, wo sie mit Erfolg und Segen sich nützlich machen, und trotz dem Verzicht auf selbständige Einzel= bewegung als Genossen einer blühenden Gemeinschaft eine weit unabhängigere Stellung einnehmen als in der Welt, die ihnen nur Bettelbrot, weiße Sclavenstellung, gerichtliche Vorladungen und Auspfändungen bot.

An der physischen Unthätigkeit zur Arbeit liegt nur bei sehr wenigen Menschen das Hinderniß, das sie abhält, sich zur Stellung nützlicher und achtbarer Bürger zu erheben. Der Man= gel an geistiger Rüstigkeit, an wirthschaftlicher Einsicht, an Men= schen= und Weltkenntniß und ökonomischer Gewandtheit ist es, was auch bei sonst genügenden Arbeitskräften den ärmeren Klassen das Aufkommen erschwert. Es gilt der Unselbständigkeit des Eigen= thumslosen in dieser Richtung zu Hilfe zu kommen, indem man ihn in eine Association aufnimmt, in welcher kundige und wohlwollende Leiter seine Fähigkeiten entwickeln, ihm den pas= senden Platz anweisen, ihn anregen, überwachen, für ihn sorgen. Und dies ist nur möglich, wenn einer solchen Anstalt eine Menge von Arbeits-Gelegenheiten zu Gebot stehen. Mannigfaltig sind die Kräfte auch der beschränktesten Menschen. Jedem ist irgend eine Gabe des Geistes und Körpers verliehen, welche zum wirthschaftlichen Gebrauche verwendbar ist, aber „Eines schickt sich nicht für Alle." Ein guter Fuhrknecht würde vielleicht ein sehr untauglicher Schuhmacher geworden sein; während die Einen sich gern in den landwirthschaftlichen Berufszweigen beschäftigen, ergreifen Andere mit Freudigkeit und Erfolg Arbeitszweige, die sie an Stube und Haus fesseln. Auch der Gebrechlichste ist immer noch zu verwenden und wäre es zur bloßen Aufsicht über Stall, Feuer und Licht.

So findet denn in den Werner'schen Anstalten jede, auch die kleinste Kraft, ihre Verwendung und trägt zum Wohle des Ganzen bei. Und bei solchen Verhältnissen ist das Leben der Arbeiter ein glückliches, friedliches und befriedigendes. Sucht Einer das Glück in der vollständigen Unabhängigkeit mit ihren Genüssen, aber auch mit ihren Gefahren, mit ihren Sorgen und Nöthen, so wird er es in den Werner'schen Anstalten nicht finden; wer aber sein Glück in einem regelmäßigen, treuen, aufopfernden Pflichtleben sucht, der wird nirgends glücklicher sein.

Die Werner'schen Anstalten bilden eine große Familie. Hier finden sich Männer, Frauen, Mädchen, Knaben, Greise in einem häuslichen Ganzen vereinigt, welche die Arbeiten gemeinschaftlich verrichten, in der Wohnung und Mahlzeit aber nach Alter und Geschlecht getrennt sind. Durch solche Mannigfaltigkeit der Elemente verliert das Zusammenleben die tödtende Einförmigkeit und die Langeweile, welche namentlich in den Waisen- und Versorgungs-Anstalten ihre Stätte haben, wo unter der Zucht strenger Aufseher ausschließlich unerfahrene Kinder mit Kindern, abgelebte Greise mit Greisen, meist beschränkte Frauen mit Frauen verkehren und namentlich den unentwickelten Waisen jedes Element zur Unterhaltung, Erheiterung, Belehrung, Menschenkenntniß und der Kunst mit Menschen umzugehen versagt ist.

Der Vater Aller ist Werner, der Gründer, Versorger, Leiter des Ganzen. Eine erziehende und überwachende Stellung nehmen die leitenden Gehilfen, „Hausgenossen", ein, welche den einzelnen Zweigen als Hausväter, Wirthschaftsleiter und Handwerksmeister vorstehen. Noch mehr, Werner hat auch den kühnen Versuch, nicht ohne Erfolg, unternommen, eine Anzahl von Familien in die Anstalt aufzunehmen. —

In welches Verhältniß sollten diese Einzel-Familien zur großen Gesammt-Familie treten? Werner bekennt offen und ehrlich, daß die Lösung dieser Aufgabe viele Anfechtungen und Kämpfe mit sich geführt habe. „Es mußte nach beiden Seiten hin", schreibt er, „das Richtige herausgefunden werden, daß der Gemeinschaft wie der Familie ihre Gebühr gegeben werde; bald drohte die Gemeinschaft den Rechten der Familie Eintrag zu thun, bald hatte sie selbst von den Ansprüchen der Familie Beeinträchtigung zu befürchten." Man ist aber überzeugt, wenn man das Leben in Reutlingen näher kennen lernt, daß ernstes Streben und redlicher Wille diese Schwierigkeiten ziemlich überwunden haben.

Indeß tritt doch eben hier der krankhafte Punkt aller solcher Vereinigungen, auch der des christlichen Communismus an den Tag: das einzelne Familienleben wird allzusehr aufgelöst in dem Leben der Gesammt-Familie. Aber zugegeben muß werden, daß durch die Gesammt-Familie die Kinder der Einzel-Familien eine in mancher Hinsicht viel bessere Erziehung erhalten, eine viel christlichere Zucht genießen, als dies in mancher verwahrlosten und innerlich eigentlich auch sehr gelösten Familie von Fabrikarbeitern der Fall ist. Man vergleiche z. B. die Haltung der Kinder in den Werner'schen Anstalten mit der der Kinder in der Gartenstraße in Berlin, wo 1500 Menschen, Arbeiterfamilien, auf einem Fleck zusammengedrängt wohnen in drei Häusern.

Was das Verhältniß des Einzel-Vermögens zum Gesammt-Vermögen betrifft, so scheint uns, obwohl die Frage der Angemessenheit einer solchen Einrichtung für uns noch nicht gelöst ist, dieses vernünftig und fern von communistischem Unsinn geregelt. Was die Eltern an Vermögen einlegen, bleibt ihnen gut geschrieben, sofern sie nicht anders darüber verfügen und geht als Erbgut auf die Kinder über. Eltern wie Kinder, überhaupt alle Hausgenossen, haben jeder Zeit das Recht auszutreten und ihre Einlage zurückzuziehen, von ihrem Verdienst haben sie nichts anzusprechen, da dieser das Opfer ist, welches sie dem Herrn darbringen, indem sie Ihm und Seinem Dienst ihre ganze Zeit und Kraft widmen wollen, und sie dagegen in kranken und gesunden Tagen für sich wie für ihre Kinder vollständige Versorgung erhalten. Jeder der eingetretenen Familienväter treibt sein Gewerbe fort. Der Erlös aus demselben fällt in die gemeinschaftliche Kasse, aus welcher vor Allem die Kosten der Gesammthaushaltung und der Anstalt (Nahrung, Kleidung, Unterhalt, Pflege) bestritten werden. So hat Niemand Sonder-Erwerb, Gelegenheit zu kostspieligen Sonder-Genüssen und Sonder-Schulden.

Die Vortheile besonderer fleißiger und geschickter Arbeitsleistungen liegen für den einzelnen Genossen nicht in Vermehrung seines Einkommens und der Mittel zu materiellen Genüssen, sondern nur in dem Bewußtsein treuer Pflichterfüllung, ferner in der steigenden Achtung, dem wachsenden Ansehen seinen Mitgenossen gegenüber. In der Anerkennung oder Unzufriedenheit des allgemein geachteten Vorstehers liegen die Einflüsse, welche anregend und abmahnend auf die Thätigkeit Aller einwirken. Arbeitet die Anstalt mit Gewinn, so freuen sich die Genossen solches Flor's, empfinden auch wohl äußerlich die günstigen Folgen in einer etwas bequemeren Befriedigung ihrer Bedürfnisse, wogegen aber auch die einzelnen Glieder sich willig gefallen lassen, in schlechten Zeiten durch Einschränkungen sich nach der Decke zu strecken. Dadurch entstehen bedeutende Impulse zu möglicher Sparsamkeit und Betriebsamkeit. Die Anstalt gleicht in ihrer ökonomischen Stellung weniger einer reichlich und fest dotirten Benediktiner-Abtei als einem gutgeleiteten Eigenthumslosen Orden, der in seiner Arbeit, im Unterricht, Seelsorge, industrieller Beschäftigung auch die Mittel zu materiellem Unterhalt unabläßig zu erstreben hat, niemals schwelgt, zuweilen darbt, immer das Kreuz der Sorge über sich hat.

Die Einfachheit, die Sparsamkeit, die praktische Zweckmäßigkeit aller Einrichtungen, die enorme Summe, die anderen Etablissements gegenüber an Löhnen erspart wird, da weder Werner noch die Hausgenossen irgend welchen Lohn beziehen, der Eifer, der Schwung, mit dem Jeder an seinem Orte und somit das Ganze in religiöser Begeisterung arbeitet, dies Alles macht es begreiflich, daß diese socialistische Genossenschaft - unseres

Wissens als die einzige auf dem Continente — bestehen konnte.

Die Werner'schen Anstalten liefern den Beweis, daß durch eine mit Landwirthschaft und Industrie verbundene Armenpflege die Armen am zweckmäßigsten und wohlfeilsten versorgt werden können. Alle Armen-Anstalten, auch die von Wichern, leiden fortwährend an Deficits oder bedürfen namhafte Zuschüsse, die Werner'schen decken ihre Zinsen und Ausgaben, erhalten und erziehen ihre Armen und dürfen Kostgelder und Beiträge nur in sehr bescheidenem Maßstab in Anspruch nehmen. Damit ist schon eins der im Werner'schen Kreise zur Lösung gebotenen wichtigen Probleme als gelöst zu betrachten: **Die wohlfeile und zugleich zweckmäßige Versorgung der Armen.** Eifrig ist Werner nun auch bemüht, für die Besserung und Erziehung derselben und namentlich der Jugend richtige Wege zu finden, die dem jetzigen Geschlecht zum Heil dienen können; aber es sind treue, erfahrene und einsichtsvolle Mitarbeiter nöthig, um solche für unsere Zeit so wichtige Fragen in einer Weise lösen zu können, daß Bahn gebrochen ist für eine erfolgreiche und umfassende Wirksamkeit. „Machet Bahn, räumet Steine aus dem Weg, machet eine ebene Bahn dem Herrn unserm Gott", tönt es stets in der Seele des edlen Menschenfreundes. „Er kommt in unsere Zeit und Sein Heil mit ihm, schreibt er, aber soll es wirklich zu uns kommen, so muß Ihm von uns Bahn gemacht werden; immer klarer und herrlicher tritt mir dieses Heil vor die Seele, wie auch die Wege, auf welchen es uns zu Theil werden kann. Je mehr es mit Gottes Hilfe gelingt, in den Rettungsanstalten das Gesetz der Liebe zur umfassenden Anwendung zu bringen, um so mehr wird es sich offenbaren, daß das Heil auch für die Schäden und Gefahren unserer Zeit nur von Christo, dem König, kommt. Aber die Arbeit ist schwierig, weit- und tiefgehend: es ist ein treuer, tüchtiger und christlicher Arbeiter-Stamm zu bilden, demselben ein solider Boden für Arbeit und Erwerb zu schaffen, auf welchem er sich immer weiter ausbilden und ausdehnen und einen Sauerteig für die Arbeiter bilden kann." Da muß der edle Gustav Werner eben so oft erfahren, daß die Arbeiter wohl das Heil wollen, das ihnen durch

Christus angeboten wird, so wie man sie aber darauf führen will, daß sie dasselbe nur erlangen können, wenn sie seine Gesetze befolgen, dann schreit es: „Weg, weg mit Ihm, wir haben keinen König, denn den Kaiser." Es ist also zu befürchten, daß wir vorher noch durch schwere Zustände hindurch müssen, ehe die Gesetze Christi, die die künftige Gesellschaft allein regieren und beruhigen können, in derselben Geltung erlangen; aber eine Gemeinde wenigstens muß sich bilden, welche diese Gesetze mit möglichster Treue zu realisiren strebt, damit die armen Menschen, von den Fluthen ihrer Leidenschaften hin und hergeworfen, doch den Leuchtthurm sehen können, der ihnen den rettenden Hafen zeigt. Möge Gottes Güte unserm Schwäbischen Armenfreunde noch so viel Zeit und Kraft gönnen, bis er seine Gemeinschaft auf eine solche Höhe gebracht habe! Wie gering jetzt noch die Pflanze erscheint, es liegt doch ein göttlicher Keim in ihr, aus welchem einst herrliche Früchte für die Menschheit erwachsen können, aber er muß gepflegt, vor schädlichen Einflüssen bewahrt und großgezogen werden und hierzu reichen Werner's Kräfte allein nicht aus. Es werden Mitarbeiter kommen, wenn einmal die eigentliche Frucht, der wahre Kern der Sache sich entfalten kann, jetzt muß noch die rauhe Hülse gelassen, ja geschont werden, die für die Meisten etwas Abstoßendes hat, namentlich für die Jugend; alte, vom Leben durchschulte Leute halten da einzig aus, die Jugend will durch etwas Schönes und Erhabenes angezogen und begeistert sein.

Nun zum Schluß. Der Gedanke des Werner'schen Erziehungs- und Armenversorgungs-Systems läßt sich dahin zusammenfassen: In der Arbeit, verbunden mit religiöser Belehrung und Erziehung, liegt das sicherste Mittel zur Hebung des Menschen. Wie der Müßiggang aller Laster Anfang, so bildet die Arbeit den Weg zur Gesittung, zu einer befriedigenden und heiteren Stellung im Leben. Sie stellt dem rohen thierischen Genußleben einen festen Damm entgegen, indem sie die geistige Oede des Armen ausfüllt, ihn zum denkenden Wesen erhebt und den Sinn für Mein und Dein und jenes Ehrgefühl anfacht, durch dessen Mangel das Proletariat sich zu einer Geißel der Gesellschaft gestaltet, welche für die allgemeine Wohlfahrt immer bedrohlicher wird.

Ueber die guten Wirkungen der Werner'schen Anstalten herrscht in ganz Wirtemberg wohl eine Stimme. Der wohldenkende und gebildete Theil der Gesellschaft erkennt immer mehr an, daß die Ziele, welche Werner in den Gebieten der Erziehung und der Armenpflege, namentlich auch in der Arbeiterfrage anstrebt, die richtigen seien, und das, was er erreicht hat, hat anderwärts bereits zur Nachahmung angeregt. Gefahr verursacht dieser christliche Socialismus der bisherigen Gesellschaft nicht, weil immer sehr Wenige derjenigen selbstsuchtlosen Hingebung fähig sein werden, die er fordert*).

Was die Theilung des Reichthums betrifft, und wir meinten mit diesem Ausdruck Mittheilung desselben eigentlich nur die aufopfernden Liebesgaben der Christen, so greift dieser Punkt in das Gebiet über, welches wir noch zuletzt kurz durchgehen wollen; wir sprechen von der

Religiösen Thätigkeit Gustav Werner's.

Um Gustav Werner's religiöse Thätigkeit begreifen zu können, müssen wir seine Grundanschauung des Christenthums in's Auge fassen.

Werner bekennt sich zu dem sogenannten Johanneischen Christenthum. Für ihn ist die Religion kein ausschließliches Glauben oder Fürwahrhalten der kirchlichen herkömmlichen Lehren, kein pflichtmäßiges nach angenommenen christlichen Sitten geregeltes Handeln, sondern Religion ist ein Leben, ein durch den Glauben an den lebendigen Gott und Heiland bestimmtes und von Seinem Geiste durchdrungenes Leben. Dies Leben ist ein

---

*) Die Anstalten wurden 1858 mit einem Besuche des damaligen Kronprinzen, jetzigen Königs von Wirtemberg beehrt. Pfingsten 1860 erfreute der greise König Wilhelm die Anstalten und nahm in denselben von Allem Kenntniß, nicht ohne einen tiefen und ganz befriedigenden Eindruck heimzutragen. Vier Wochen nachher erfolgte der Besuch der Minister, des gesammten Geheimenraths und anderer höchst gestellter Beamten. 1866 erfreute des jetzigen Königs Majestät zum zweiten Male die Anstalten mit einem Besuche, betrachtete dieselben mit lebhaftem Interesse nach allen Seiten und sprach seine Anerkennung und Bewunderung aus.

thätiges Liebesleben, weil Gott die Liebe ist, und dieses Liebesleben ist nicht ein vom Gesetz abgelöstes, abgesondertes, sondern in ihm und durch es wird das Gesetz erfüllt. Denn Christus ist nicht gekommen das Gesetz aufzulösen, sondern es zu erfüllen, und wer da sagt, daß er in Jesu bleibet, d. h. ein gemeinschaftliches Leben mit Ihm führt, der soll auch wandeln, gleich wie Er gewandelt hat (1. Joh. 2, 6).

Ein solches aufopferndes Leben der Christen kann allein zu unserer Zeit für die Gegner des Christenthums ein unwidersprechliches Zeugniß seiner Wahrheit geben. Noch mehr, ein Leben, in welchem das königliche Gebot „Liebe deinen Nächsten wie dich selbst" sich vollständig auspräget, wird in überraschender Weise zeigen, welch' tiefer harmonischer Zusammenhang in der heiligen Schrift liegt, die ganze heilige Schrift Alten und Neuen Testaments erschließt sich nach und nach als Wahrheit, als einzige ewige allgemeine Wahrheit oder als Gottes Wort. Deswegen wird die heilige Schrift die einzige Richtschnur des christlichen Lebens sein. —

Gustav Werner's isolirte Stellung und Wirksamkeit wird nun aus dem Grunde abzuleiten sein, daß er Christum als den Einigen Gott, als den Gott-Menschen erkennt, in Welchem unsere Seligkeit liegt und durch Welchen als Erlöser, Meister und Arzt sie uns auch zukommt, wenn wir an Ihn glauben. Alle anderen religiösen Parteien halten als obersten Grundsatz fest: Gott in drei Personen; Christus als die zweite Person vermittelt die Seligkeit als eine Gnadengabe durch Sein Verdienst. Das ganze Verhältniß zu Christo, oder die Religion, wird dieser Auffassung zufolge ein wesentlich anderes, Lehre und Kultus gestalten sich völlig anders. So kommt es denn auch, daß Gustav Werner von den frommen Kreisen immer als ein Fremder, ein Unberechtigter, vielleicht selbst als Feind angesehen wird, sie gehen eben beide in den Grundprincipien auseinander, wenn sie auch in vielen Punkten sich harmonisch berühren, wie in der Ausübung der Liebthätigkeit. Aber in der eigentlichen Wurzel, aus welcher beide Ansichten und Werke entsprießen, ergibt sich eine nicht auszugleichende Verschiedenheit. Jenen ist, wie gesagt, die Seligkeit ein Gnaden-Geschenk, durch Jesum vermittelt, während Werner die Seligkeit in Christo

selbst, in Seiner Liebe findet, die er sich durch Gehorsam und
Nachfolge aneignet; jenen ist Christus der Vermittler zwischen
dem Vater und dem Menschen, Werner'n der Eine Gott selbst.
Und in dieser fundamentalen Differenz liegt es, daß beide wie
instinktmäßig einander meiden.

Von dieser Grundanschauung ausgehend predigte Werner.
Seine Predigt war nur die nothwendige begeisterte Begleiterin
seiner persönlichen aufopfernden Thätigkeit. Er wollte nicht den
Andern eine Last auflegen, welche er nicht selber trug. Zuerst
predigte er bloß in Reutlingen, wo er jeden Sonntag Nachmittag
einen freien Vortrag hielt. Dann ergingen an ihn mehrere Auf=
forderungen, in den umliegenden Ortschaften zu predigen; ohne
bestimmt und wiederholt gestelltes Begehren that er
es nirgends. Dennoch gab es ein Aufsehen, da schon die
Reisepredigt an und für sich in der protestantischen Kirche etwas
Neues war und noch mehr der Inhalt derselben. Die Pastoren,
welche meistens es sich nicht gefallen lassen, daß ihre Gemeinden
frömmer werden als sie selber sind, eiferten gegen diesen Ein=
dringling in ihre Gemeinden, der eine nicht geringe Bewegung
im Volke hervorrief, deren Ende und Ziel nicht abzusehen war.
Dieser seltsame Kandidat mußte dem k. evangelischen Konsistorium
eine Erklärung über sein Verhalten zur Landeskirche geben. Diese
Erklärung fiel dahin aus, daß in Johanneischer Richtung
auf lebendiges Christenthum hinzuwirken seine Lebensaufgabe sei,
und daß er seine Stellung zur Evangelischen Landeskirche unver=
ändert fühle. Das Konsistorium zeigte sich damit befriedigt, aber
um den anschwellenden Bach in ein geregeltes Bett zu leiten,
verfügte es, daß es dem Kirchenconvente jeder Gemeinde über=
lassen sein solle, darüber zu entscheiden, ob Werner in der Kirche
des Ortes auftreten dürfe oder nicht.

Die öffentlichen Angriffe verstummten nun mehr und mehr,
auch die Kirchenbehörde schien sich zu beruhigen, denn die befürch=
teten Folgen der Werner'schen Thätigkeit: Spaltung, Schwär=
merei und Sectirerei traten nicht ein. So fuhr Werner eine
Zeit lang ungestört fort, von Ort zu Ort das Evangelium der
Liebe mit begeisterter freudiger Beredsamkeit zu predigen. Seine
Predigt war innig liebeerglüht, doch mild und klar, ohne sectirerische

Schwärmerei, unmittelbar und mächtig erbauend, auch mit den äußeren Mitteln einer klangvoll weichen Stimme und imponirenden Gestalt wohl ausgestattet. In thätiger Ausnutzung der Zeit (er gönnte sich von jeher höchstens nur 4 bis 5 Stunden Schlafes in der Nacht und hielt an Reise= und Predigt=Strapazen das Unbegreif= liche aus) widmete er die kleinere Hälfte der Woche stets der Reisepredigt und die größere der Mutteranstalt zu Reutlingen. Ort und Zeit der freien Vorträge wurden in jedem Sendbriefe angekündigt; in 14 Tagen hat er öfter 30—40 Mal gepredigt und Hunderte von Ortschaften in Wirtemberg wurden wiederholt von ihm besucht.

Das mystische Moment tritt in Werner's Predigten neben dem ethischen oft und vielfach hervor. Wenn er aber zum Herzen spricht, so ist es nur mit der Absicht, das Gewissen sicherer treffen zu können. Auf religiösem Gebiete kann man diese beiden Seiten des menschlichen Gemüths nicht leicht trennen.

Als mit dem Jahre 1848 auch auf religiösem Gebiete mehr Freiheit gegeben und Werner an den meisten Orten die Kirchen geöffnet wurden, zeigte sich auch der Widerstand wieder stärker, die Pastoren eiferten gegen diesen gefährlichen Apostel des leben= digen Christenthums, und die Eßlinger Diöcese fand sich bewogen, 1849 an die Evangelische Synode das Gesuch zu richten, Werner den Gebrauch der Kirchen für seine Vorträge und Zwecke zu ver= sagen, so lange er sich nicht in unumwundener, amtlich bekannt zu machender Erklärung, mit der Evangelischen Landeskirche Augs= burgischer Confession übereinstimmend und derselben gemäß zu lehren ausgesprochen habe." Werner hatte in sechs von den eilf Pfarreien der Eßlinger Diöcese Eingang gefunden.

Werner mußte nun dem K. Konsistorium eine Erklärung über sein Verhalten zur Landeskirche geben. Er reichte eine Memo= rial ein, in welchem er sich jedenfalls als ein tüchtig gebildeter, mit der einschlägigen Literatur genau vertrauter Theologe erwies. Ullmann's „Wesen des Christenthums" und Merz „Armuth und Christenthum" waren damals in Aller Händen und beide Werke dieser angesehenen Theologen verkündeten mit merkwürdig übereinstimmendem Pathos, daß nach dem urapostolischen, dem Petrinischen (katholischen) und dem Paulinischen (reformirten) nun ein viertes Zeitalter, das Johanneische, für die christliche Kirche angebrochen sei, das Zeitalter der Versöhnung der Confessionen und der auf dem Glauben gegründeten werkthätigen allumfassenden Liebe. Werner wies sehr gut nach, wie sein Wirken nichts anderes sei als die Durchführung der Theorie dieser und anderer angesehenen Theologen. Mit Ullmann's Worten erklärte er sich gegen den Symbolzwang, wies nach, wie das protestantische Bewußtsein allerwärts in der Kirche selbst in nothwendig naturgemäßer Entwicklung über die Bekenntnißschriften der Reformationszeit hinausgewachsen sei und schloß mit dem dringenden Gesuch an das Konsistorium, sich mit der Erklärung zu beruhigen, „daß ich mit der protestantischen Kirche auf ihrem gegenwärtigen Standpunkte, wenn ich ihn anders recht erfaßt habe, mich einverstanden weiß und einverstanden bleiben möchte und mir eine Erklärung zu erlassen, welche mich auf die symbolischen Bücher verpflichtet, weil ich eine solche als unevangelisch und unprotestantisch und namentlich als unvereinbar mit der Kirche der Zukunft ansehen muß, da manche Lehrsätze derselben sich als unvereinbar mit der Evangelischen Wahrheit, so wie sie jetzt erkannt ist, darstellen. Die Verpflichtung auf die symbolischen Bücher wird ja ohnedies bei uns ganz lax gehandhabt. Die hohe Behörde hat gewiß von mir weit weniger zu befürchten als von Rationalisten, Hegelianern und Schleiermacherianern, die am Inhalt dieser Bücher weit weniger festhalten als ich u. s. w."

Die Rückantwort des Konsistoriums freut sich unverhohlen der Innigkeit und Wärme, des heiligen Eifers und der Demuth, die sich in Werner's Erklärung und Wirken aussprechen. Sie spricht, um ihm die Verpflichtung auf die symbolischen Bücher zu erleichtern, es aus, daß dieselbe durchaus nicht ein iurare in verba sei, erklärt aber bestimmt, ihm nicht Privilegiumsweise diese kirchenrechtliche Verpflichtung erlassen zu können und verlangte seine bestimmte Aeußerung darüber, ob er die beigelegte Verpflichtungsformel unterschreibe oder nicht.

Werner sah sich an einen sehr kritischen Scheideweg gestellt und kämpfte in sich selbst einen lange unentschiedenen schweren Kampf. Er konnte, wie unzählige andere Geistliche in den Kirchen, wo noch die Verpflichtung auf die Bekenntnißschriften herrscht, es thun müssen und wie das Konsistorium selbst es ihm eigentlich auf die Hand gelegt hatte, mit seiner Ueberzeugung markten und, im Allgemeinen zu den Symbolen sich bekennend, im Einzelnen aber sich Freiheit vorbehaltend, in der Landeskirche bleiben — freilich als ein der Maßregelung stets gewärtig sein müssender Diener derselben. Oder aber, er konnte rigoristisch ehrlich sein, in Folge dessen aus der Landeskirche ausgestoßen werden und dann — sich frei bewegen. Nach reiflicher Ueberlegung wählte er dies Letztere, indem er dem Konsistorium erwiderte, daß er sich, ohne sein Gewissen zu verletzen, der ihm angesonnenen Verpflichtung, wie mild und wie weit sie auch gefaßt sei, nicht unterziehen könne.

Im Frühjahr 1851, zu der gleichen Zeit, wo er die Papierfabrik zu Reutlingen eröffnete, wurde er aus der Liste der Kandidaten des Predigtamts gestrichen und ihm verboten, sei es in Stellvertretung des ordentlichen Kirchendienstes oder zum Behufe eigener religiöser Versammlungen, eine Kirche zu benutzen. Sobald er jedoch von seinem einseitigen Standpunkte zurückgekommen sei, stehe ihm jederzeit die Wiederaufnahme in die Reihe der auf's Bekenntniß verpflichteten Diener der Landeskirche wieder offen. So brachte sich die Wirtembergische Kirche durch ausnahmweise strenge Anwendung des Symbolzwanges um eine ihrer reichsten Kräfte! —

Werner's Gegner, zumeist oder fast einzig Geistliche und Pietisten, ruhten noch nicht, denn nach einem zwei Monate späteren Erlaß des Konsistoriums als dem eben erwähnten, wurde dem Pfarrgemeinderath die Befugniß ertheilt, „nach Ermessen die Abhaltung von Zusammenkünften zu religiöser Erbauung auch außerhalb der Kirche zu untersagen." — Doch konnte Werner nach seiner vom Konsistorium verfügten Ausstoßung aus dem Klerus noch gerade so frei von Ort zu Ort predigen wie zuvor, er fühlte sich sogar verpflichtet, seine Anhänger zu einer selbstständigen neuen Brüdergemeinde zu vereinigen. Aus der Landeskirche ist er aber so wenig wie seine Genossenschaft ausgetreten, Werner hat auch nie dazu aufgefordert.

Das innere Band dieser neuen Brüdergemeinde war, neben der aus dem gemeinsamen Glauben hervorgehenden Gemeinschaft, der gemeinsame Wohlthätigkeitszweck. Hier verwirklichte sich diese vernünftige Mittheilung des Reichthums, indem die wohlhabenden unter Werner's Anhängern ihn reichlich in seinen Unternehmungen unterstützten.

Die großen kirchlichen Feiertage waren und sind die Lichtpunkte in Werner's Anstalten und in ihnen machte sich ganz besonders die innere Gemeinschaft der neuen Brüdergemeinde sichtbar. Auch der Geburtstag des Vorstehers war ein heiteres Fest in Reutlingen. Die Hausgenossen und Kinder erfanden jedes Jahr etwas Neues, um ihren lieben Vater zu feiern. Eine Unmasse von Gedichten wurde für diese feierliche Gelegenheit von den begabten jungen Leuten geschrieben und von den Kindern auswendig gelernt und vorgetragen. Ein kräftiger, gutgebildeter Gesangverein brachte seinen erheiternden aufmunternden Beitrag vor, und man kann aus der Erzählung dieser Festlichkeiten den schlagendsten Beweis darbringen, daß das geistige und geistliche Leben nicht nur in dem Leiter der Genossenschaft, sondern auch wirklich in ihren Mitgliedern vorhanden ist.

In den Anstalten Werner's tritt recht augenscheinlich hervor, was durch eine Gemeinschaft treuer Brüder und Haushälter zum Wohle der Menschheit erreicht und geleistet werden kann. Die Erfolge Werner's in materieller und geistiger Beziehung sind hauptsächlich der Mitwirkung seiner Hausgenossen zuzuschreiben; ohne ihre treue Mitwirkung wäre ihm, was er oft bekennt, nicht möglich gewesen, nur einen Theil von all' dem in Stand zu bringen und zu erhalten, was nun fest dasteht und für die Zukunft noch reife Frucht verspricht.

Wir könnten noch Manches über das religiöse Leben in den Anstalten, über die private Correspondenz Gustav Werner's und ihren eigenthümlich wohlthuenden Charakter sagen, besorgen indeß, durch zu viele Einzelheiten zu ermüden.

Ein anderes Band zwischen den verschiedenen Anstalten und den Anhängern und Freunden Werner's wurde durch die „Sendbriefe" geschaffen. Jeden Monat wurde ein Sendbrief ausgegeben, in welchem erbauliche Aufsätze, Predigten, Nachrichten über den Zustand der verschiedenen Anstalten u. a. dahin Gehöriges und darauf Bezügliches mitgetheilt wurden. Diesen seit

1853 bis in die neueste Zeit erschienenen Sendbriefen, namentlich dem darin enthaltenen Abdruck eines Aufsatzes in der „Züricher Zeitung" des Diaconus Hirzel in Zürich, den ihnen vorangegangenen vier Heften der Zeitschrift „Der Friedensbote" 1851–1853 und einem sehr guten Aufsatze der „Frankfurter Ober=Post=Amt=Zeitung." 1865. Nr. 130–146 haben wir Vieles entlehnt, und der mit diesen Quellen bekannte Leser wird ihnen ihr Verdienst zuzusprechen wissen.

Mit solchen Hilfsmitteln und auf Grund eigener, oft wiederholter Anschauung und eines mehrtägigen Lebens in der Anstalt haben wir es versucht, dem Leser ein klares Bild des großen Werkes eines großen Mannes zu geben und haben es mit der Hoffnung gethan, daß es nicht nur rege Theilnahme, sondern auch etwaige thatsächliche Unterstützung oder persönliche Mitwirkung der Sache dieses wahrhaft heldenmüthigen Menschenfreundes zu Wege bringen möge. Und dürfen wir ihn nicht einen Held nennen? Wir erklären jeden Mann als solchen, der mit den herrschenden Vorurtheilen seiner Zeit brechend, die abgelebten verfaulten Institutionen trotz allem Widerstande und allen Angriffen fahren läßt und in Gottes Namen einen neuen Anfang zum Wohle seiner Mitmenschen macht. Solche Männer, und es gibt ihrer, Gott sei Dank, mehrere in unserm öden, materialistischen, höchstens mit dem Mittelgut christlich=menschlicher Tugenden versehenen Jahrhunderte, solche Männer begrüßen wir mit begeisterter und liebender Hochachtung als die wahren Helden unserer Zeit.

In Gustav Werner haben wir Einen erkannt und wenn es uns gelungen ist, in dem Leser, wenn auch nicht dieselbe Begeisterung, so doch ein lebendiges Interesse für seine Sache zu erwecken, so haben wir unser Ziel erreicht und unsern Lohn erhalten.

Anhang.

Statuten
des
Actien-Vereins zum Bruderhaus.
(Für die Uebernahme der durch Gustav Werner von Reutlingen gegründeten Fabriken und Rettungshäuser.)

Zweck, Wohnsitz, Firma und Dauer der Gesellschaft.

§ 1. Zweck der Gesellschaft ist die Uebernahme und Verwaltung der von G. Werner gegründeten Verpflegungs-Anstalten und Fabriken mit allen dazu gehörigen Activen und Passiven.

§ 2. Die Gesellschaft hat ihren Wohnsitz zu Reutlingen und führt die Firma:

Actien-Verein zum Bruderhaus.

§ 3. Ihre Dauer ist auf zwanzig Jahre festgesetzt, und beginnt mit dem Tage, an welchem ihre Eintragung in das Handels-Register erfolgen wird. (Handelsgesetzbuch Art. 211.)

Nach Ablauf der genannten 20 Jahre hat Gustav Werner ein Rückkaufsrecht an sämmtliche von der Gesellschaft übernommene Etablissements, soweit sie noch im Besitze der Gesellschaft sind, um einen durch ein gemeinschaftliches Schätzungs-Verfahren zu ermittelnden Preis; desgleichen im Fall eines Verkaufs während der Dauer der Gesellschaft ein Vorkaufsrecht. Diese Rechte müssen binnen **14 Tagen** vor Auflösung der Gesellschaft beziehungsweise vom Abschlusse eines Verkaufsvertrages an ausgeübt, und können von Werner auch letztwillig weiter übertragen werden.

Kapital, Actien- und Rechts-Verhältnisse der Actionäre.

§ 4. Sämmtliche Anstalten und Fabriken G. Werners und seiner Hausgenossen mit allem dazu gehörigen beweglichen und unbeweglichen Vermögen gehen auf die zu gründende Actien-Gesellschaft über*).

---

*) Anmerkung. Diese Anstalten sind 1) ein Kaufladen, Gebäude und Grundstücke zu Alpirsbach, 2) Grundeigenthum und Gebäude mit Wollspinnerei, Tuchweberei und Kaufladen in Altensteig, 3) Gebäude, Grund-

§ 5. Von dieser Gesellschaft werden sämmtliche auf dem Werner'schen Vermögen haftende, bis jetzt bekannte und inventirte Passiva, so weit solche nicht bei Constituirung der Gesellschaft baar oder durch Actien abgefunden werden, übernommen.

§ 6. Das Actien-Kapital beträgt 1,050,000 und zwar:
A. G. Werner für sich und seine Hausgenossen fl. 150,000,
B. die in Actien verwandelten Forderungen unbevorzugter Werner'scher Gläubiger . . . fl. 650,000,
C. von baar einzahlenden Mitgliedern . . . fl. 250,000,
fl. 1,050,000.

Für den Betrag unter Lit. A. wird ein einziger Actien-Schein auf den Namen des G. Werner ausgestellt.

Für die Beträge unter Lit. B. und C. werden Actien von 25, 50, 100 und 500 fl. ausgegeben und zwar:

2400 à 25 fl.	fl. 60,000
4400 à 50 fl.	fl. 220,000
3200 à 100 fl.	fl. 320,000
600 à 500 fl.	fl. 300,000
10,600	fl. 900,000

Die durch die Einzahlung von Actien Lit. C. eingehenden Mittel sind zu Tilgung der Schulden IV. Klasse, sodann zur Versorgung der Fabrikation mit dem erforderlichen Betriebs-Kapitale, und Falls ein diese Bedürfnisse übersteigender Betrag übrig bliebe, zur Abtragung der höchst zinsenden Pfandschulden zu verwenden.

§ 7. Der Actien-Verein wird mit dem bis jetzt gezeichneten Actienkapital von 925,000 fl. eröffnet. Der Aufsichtsrath ist er-

---

stücke und Kaufladen in Althütte, 4) deßgleichen, nebst Band- und Barchentweberei in Bönnigheim, 5) Papierfabrik, sonstige Gebäude und Grundstücke in Dettingen, 6) Gebäude mit Kaufladen, Mühle und Grundstücke in Fluorn, 7) Gebäude mit Kaufladen und Grundstücke in Freudenstadt, 8 Haus und Güter in Geisingen, mit Schusterei-Betrieb, 9) Gebäude, Güter und Mühle in Haugenstein, 10) deßgleichen mit Kaufladen in Niederndorf, 11) Gebäude, Grundeigenthum, Werkstätten, Fabriken und Kaufladen in Reutlingen, 12) Gebäude, Güter und Kaufladen in Spielberg, 13) Gebäude und Güter in Schernbach, 14) Haus und Bauplatz in Stuttgart, 15) Gebäude, Güter und Kaufladen in Walddorf, 16) Kaufladen in Birkenweisbuch, 17) Gebäude, Grundeigenthum, Kaufladen, Wirthschaft und Ziegelei in Wilhelmsglück, 18) Kaufladen in Göttelfingen, 19) Fahrniß in Rodt.

mächtigt, fernere Betheiligungen anzunehmen und bis zum vollen Betrag des Kapitals von 1,050,000 fl. Actien auszugeben.

§ 8. Hinsichtlich der Theilnahme der Inhaber dieser Actien an dem gemeinschaftlichen Vermögen und den weiteren Rechten der Actionäre gilt Folgendes:

1) Sämmtliche Actien (§. 6 Lit. A. bis C.) nehmen an dem Reingewinne gleichmäßig Antheil.

2) Bei den Abstimmungen in der General-Versammlung kommen

    a) auf die Actie Lit. A. 25 Stimmen;
    b) bei den Actien Lit. B. auf je fl. 1000 Eine Stimme;
    c) bei den Actien Lit. C. auf je fl. 500 Eine Stimme. Kein an der General-Versammlung Theilnehmender kann für sich oder Andere im Ganzen mehr als 25 Stimmen abgeben.

3) Bei der dereinstigen Theilung des Gesellschafts-Vermögens concurriren die Actien Lit. C. mit den Actien Lit. B. zu gleichem Rechte; wogegen die Actie des G. Werner § 6. Lit. A., sowie die nach § 9. Lit. c. u. d. zuwachsenden Actien erst dann zum Zuge kommen, wenn die übrigen Actionäre um den Nennwerth ihrer Actien befriedigt sind.

§ 9. Mit Rücksicht auf die, in dem vorhergehenden Paragraphen normirte eigenthümliche Stellung der Actie Lit. A. und zum Zwecke der Beschaffung eines Kautions-Kapitals für die Verbindlichkeiten G. Werner's aus der etwaigen pachtweisen Ueberlassung von Rettungs-Anstalten wird die Verwilligung der Actie Lit. A. an G. Werner an folgende Beschränkungen geknüpft:

    a) Die eben bezeichnete Actie muß, so lange die Gesellschaft besteht, ungetheilt beisammen bleiben.
    b) G. Werner bezeichnet einen Verwalter seiner Actie, welcher vom Aufsichtsrathe bestätigt werden muß.
    c) Von den auf diese Actie fallenden Dividenden müssen **Zwei** Drittheile wieder zu Anschaffung von Actien Lit. B. oder C. verwendet werden.
    d) Die auf die neu erworbenen Actien fallenden Dividenden müssen ohne Abzug zur Anschaffung neuer Actien verwendet werden.
    e) Eine weitere Verbindlichkeit, als so weit eine solche in

Folge bestellter Caution für G. Werner als etwaiger Pächter von Versorgungsanstalten auf dieses Actien-Vermögen gelegt werden müßte, darf auf solches nicht übernommen werden.

1) G. Werner wird bei der einstigen Vertheilung des Vermögens den Betrag seiner Actien zu Deckung der Einlagen seiner Hausgenossen verwenden. Sollte sich hierbei ein Ueberschuß ergeben, so ist über diesen Betrag zu verfügen, wie hiernach in § 36 (Schlußsatz) bestimmt ist.

§ 10. Die Einzahlung der Actien Lit. C. wird der Vorstand, sobald die Eintragung der Gesellschaft in's Handels-Register erfolgt sein wird, ausschreiben, und die Actienscheine sofort aushändigen.

§ 11. Ueber die Actien wird ein Grundbuch mit fortlaufenden Nummern geführt; dieselben werden auf den Inhaber gestellt, sind untheilbar, und die Gesellschaft erkennt nur Einen Besitzer für jede Actie an.

Auf Verlangen des Inhabers wird jede Actie auf seine Kosten im Actienbuche auf Namen und auch wieder auf den Inhaber umgeschrieben. Derjenige aber, auf dessen Namen eine Actie eingetragen ist, wird, so lange er nicht dem Vorstande eine andere Anzeige macht, als rechtmäßiger Eigenthümer angesehen.

§ 12. Kein Actionär ist über den Nennwerth seiner Actien hinaus haftbar, und kann also auch zu Nachzahlungen auf dieselben unter keinen Umständen verpflichtet werden.

§ 13. Den Actien werden Coupons zur Erhebung der Dividenden beigegeben, und die Dividenden am 1. October jeden Jahres von der Hauptkasse in Reutlingen ausbezahlt.

§ 14. Gehen Actienscheine oder Dividenden-Coupons verloren, so soll auf den an den Vorstand zu richtenden Antrag desjenigen, welcher sein Eigenthum an den verloren gegangenen Urkunden bescheinigt, von dem Vorstande alsbald ein Aufruf im „schwäbischen Merkur" und „Staatsanzeiger" erlassen werden, wodurch der unbekannte Inhaber zur Production der fraglichen Urkunden aufgefordert wird.

Dieser Aufruf ist zweimal in Zwischenräumen von nicht weniger als 3 Wochen zu wiederholen.

Ist sodann seit der ersten Publikation Ein Jahr verflossen,

ohne daß die angeblich verlorenen Papiere dem Vorstande von irgend einer Seite vorgewiesen worden sind, so gelten dieselben für annullirt, und es werden dem Antragsteller an deren Statt Duplicate gegen Bescheinigung ausgeliefert, welche vollständig an die Stelle der abhanden gekommenen treten.

Die Kosten dieses Verfahrens hat der Antragsteller zu tragen, und hiefür die erforderliche Summe zum Voraus zu hinterlegen.

Werden die zu Verlust gegangenen Urkunden dem Vorstande von irgend Jemanden vor Ablauf des Präclusiv=Termins vorgewiesen, so ist der Antragsteller hiervon zu benachrichtigen, welchem dann überlassen bleibt, seine Ansprüche auf gerichtlichem Wege zu verfolgen.

§ 15. Alle öffentlichen Bekanntmachungen der Gesellschafts= Organe haben im „schwäbischen Merkur" und „Staatsanzeiger" zu erfolgen. Geht eines dieser Blätter ein, so wird die nächste General=Versammlung statt des eingegangenen Blattes ein anderes bestimmen.

Organe der Gesellschaft.

§ 16. Die Organe der Gesellschaft sind:
I. die General=Versammlung der Actionäre,
II. der von dieser gewählte Aufsichtsrath, und
III. der Vorstand (§ 30 ff. und Handelsgesetzbuch Art. 227 ff.).

I. General=Versammlung.

§ 17. Die General=Versammlung stellt die Gesammtheit der Actionäre dar. Sie ist beschlußfähig ohne Rücksicht auf die Zahl der vertretenen Stimmen; die von ihr statutengemäß gefaßten Beschlüsse sind für alle auch die nicht erschienenen Actionäre bindend.

§ 18. Die General=Versammlung wird regelmäßig einmal jährlich in Stuttgart in den Monaten August oder September abgehalten, erstmals im Jahre 1867.

Außerordentliche General=Versammlungen finden statt:
a) so oft der Aufsichtsrath es für erforderlich hält, oder
b) wenn die Abhaltung einer solchen von einem Actionär oder einer Anzahl von Actionären, deren Actien zusammen den 10. Theil des Grund=Kapitals darstellen, in einer von

ihnen unterzeichneten Eingabe unter Angabe des Zweckes und der Gründe verlangt wird. (Handelsgesetzbuch Art. 237.)

§ 19. Jede General-Versammlung wird durch den Aufsichtsrath oder in besonderem Auftrage desselben durch den Vorstand berufen.

Die Einladungen hiezu haben mindestens 14 Tage vorher durch zweimalige Bekanntmachung in den öffentlichen Blättern (§ 15) zu erfolgen.

Im Uebrigen sind die Bestimmungen des allgemeinen deutschen Handelsgesetzbuches Art. 238, Abs. 2 u. 3 maßgebend*).

§ 20. Der General-Versammlung ist jeder Actionär anzuwohnen berechtigt, und haben je 500 fl.=, beziehungsweise 1000 fl.=Actien **Eine** Stimme.

Die Besitzer kleiner Actien, welche zusammen den Betrag von 500 fl., resp. 1000 fl. ausmachen, können sich zur Abgabe einer Stimme vereinigen.

§ 21. Für diejenigen Actionäre, deren Actien auf den Namen lauten, bilden hinsichtlich der Theilnahme an der General-Versammlung das Actien-Grundbuch die Legitimation.

Will sich ein solcher Actionär durch einen Dritten vertreten lassen, so hat er Denselben mit einer schriftlichen Vollmacht zu versehen.

Wer auf Grund von Actien au porteur an der General-Versammlung Theil nehmen will, hat die betreffenden Actien-Scheine im Original vorzuweisen.

§ 22. Den Vorsitz in der General-Versammlung führt der Präsident des Aufsichtsrathes, im Verhinderungsfalle dessen Stellvertreter.

Beim Beginn der Versammlung veranlaßt der Vorsitzende die Bestellung zweier Stimmenzähler.

---

*) Der Zweck der General-Versammlung muß jederzeit bei der Berufung bekannt gemacht werden. Ueber Gegenstände, deren Verhandlung nicht in dieser Weise angekündigt ist, können Beschlüsse nicht gefaßt werden; hiervon ist jedoch der Beschluß über den in einer General-Versammlung gestellten Antrag auf Berufung einer außerordentlichen General-Versammlung ausgenommen.

Zur Stellung von Anträgen und zu Verhandlungen ohne Beschlußfassung bedarf es der Ankündigung nicht.

Ueber das in der Versammlung Verhandelte wird durch einen von dem Vorsitzenden zu ernennenden Schriftführer ein Protokoll abgefaßt, dasselbe ist von dem Vorsitzenden, dem Protokollführer und 2 stimmberechtigten Actionären zu beurkunden.

§ 23. Der General-Versammlung sind folgende Aufgaben zugewiesen:

a) dieselbe hat jedes Mal die Berichte des Aufsichtsrathes über den Stand und die Verhältnisse des Unternehmens, über das Ergebniß der abgeschlossenen und revidirten Jahresrechnung, sowie über die statutenmäßige Verwendung des Reingewinnes entgegen zu nehmen, und hierüber nach stattgehabter Berathung Beschluß zu fassen;

b) sie entscheidet über alle die Angelegenheiten und Interessen der Gesellschaft betreffenden Anträge, welche von Seiten des Aufsichtsrathes oder einzelner Actionäre in statutenmäßiger Form an sie gebracht werden; sie beschließt

c) über Ergänzung oder Abänderung der Statuten;

d) über wesentliche Erweiterungen des Unternehmens, Vergrößerung des Actien-Kapitals oder Aufnahme von Prioritäts-Anlehen;

e) über Auflösung und Erneuerung der Gesellschaft;

f) sie wählt im Wege schriftlicher Abstimmung die Mitglieder des Aufsichtsrathes und deren Ersatzmänner (§ 25).

Anträge von Actionären müssen, um zur Berathung in der General-Versammlung zugelassen zu werden, dem Aufsichtsrath so zeitig eingereicht werden, daß sie in der die Versammlung berufenden Bekanntmachung (§ 19) zur Kenntniß der Betheiligten gebracht werden können.

§ 24. Bei allen Beschlüssen der General-Versammlung entscheidet die absolute Mehrheit der abgegebenen Stimmen, ausgenommen:

1. bei Anträgen auf Abänderung der Statuten, oder auf Beendigung der Gesellschaft;

2. bei Beschlußfassung über die Vergrößerung des Actien-Kapitals. Zur Gültigkeit solcher Beschlüsse ist es erforderlich, daß dieselben mindestens mit $2/3$ der abgegebenen Stimmen gefaßt worden sind.

II. Vom Aufsichtsrath.

§ 25. Der Aufsichtsrath besteht aus 9 Actionären, und

werden außer ihm noch 2 Ersatzmänner in besonderem Wahlgang gewählt, welche je nach dem Verhältniß der auf sie gefallenen Stimmen, und bei deren Gleichheit nach dem Loos an die Stelle der ausfallenden Mitglieder einrücken.

Derselbe wird je auf 3 Jahre gewählt.

Jeder Austretende ist wieder wählbar.

§ 26. Der Aufsichtsrath wählt aus seiner Mitte je auf 1 Jahr einen Präsidenten und dessen Stellvertreter.

Derselbe versammelt sich auf Einladung des Präsidenten, so oft es die Geschäfte erfordern, oder so oft 2 Mitglieder darauf antragen, mindestens aber alle 3 Monate.

§ 27. Zur Gültigkeit eines Beschlusses ist die Anwesenheit von mindestens 5 Mitgliedern, den Präsidenten oder dessen Stellvertreter mitgezählt, erforderlich. Bei Stimmengleichheit entscheidet die Stimme des Präsidenten.

§ 28. Der Aufsichtsrath hat im Allgemeinen den durch das Handelsgesetzbuch Art. 225 vorgezeichneten Wirkungskreis. Außerdem ernennt er die zum Vorstand gehörigen Beamten und normirt deren Gehalte.

Seine Zustimmung ist zu jeder Veräußerung und Erwerbung von Immobilien der Gesellschaft erforderlich.

§ 29. Ueber alle Verhandlungen des Aufsichtsrathes wird eine Protokoll geführt. Dasselbe ist von dem Präsidenten und Protokollführer zu unterzeichnen.

Die Mitglieder des Aufsichtsrathes erhalten eine angemessene Entschädigung für ihre Zeit-Versäumniß und Auslagen.

III. Vorstand.

§ 30. Alle weder der General-Versammlung noch dem Aufsichtsrathe zugewiesenen Geschäfte werden von dem Vorstande besorgt (Art. 227 des Handelsgesetzbuches).

Derselbe besteht
- a) aus Herrn G. Werner, der jedoch für die Fälle, in welchen er durch Abwesenheit oder sonst verhindert ist, den Sitzungen des Vorstandes beizuwohnen, einen ständigen Stellvertreter zu bestimmen hat, welch' Letzterer der Genehmigung des Aufsichtsrathes unterliegt;
- b) aus einem besoldeten Director;

c) aus einem zweiten Director, welcher zugleich die Kassen=
Geschäfte zu besorgen hat.

Der Wirkungskreis und das gegenseitige Verhältniß der
Mitglieder des Vorstandes wird von dem Aufsichtsrathe im Wege
der Instruction festgestellt.

§ 31. Uebrigens behält G. Werner in der geistlichen Lei=
tung sämmtlicher Rettungs=Anstalten und ihrer Angehörigen, in
den Maßregeln zur Förderung des in denselben herrschenden
Geistes der Liebe und Aufopferung, in der Erziehung der in den
Anstalten versorgten Kinder seine unabhängige Stellung und ist
an die Zustimmung des Vorstandes resp. des Aufsichtsrathes nur
in so weit gebunden, als es sich von den pecuniären Mitteln für
Erreichung obiger Zwecke handelt.

§ 32. Die Verwalter der der Gesellschaft gehörigen Fa=
briken werden auf den Vorschlag des Vorstandes vom Aufsichts=
rathe ernannt, und hierbei deren Gehalte regulirt, wobei in thun=
lichster Weise auf die Zuweisung von Tantiemen Rücksicht zu
nehmen ist. Die den Verwaltern untergeordneten Fabrikbeamten,
sowie die Hausväter der Rettungsanstalten und die Speisemeister
werden vom Vorstand bestellt. (Handels=Gesetzbuch Art. 234.)

**Rechnungsstellung, Reservefond, Bestimmungen über Gewinn
und Verlust.**

§ 33. Auf den 1. Mai jeden Jahres, erstmals im Jahre
1867, wird das Gesellschafts=Inventar aufgenommen, auch werden
auf den gleichen Zeitpunkt die Bücher abgeschlossen, und die Bi=
lanz gezogen.

§ 34. Bei Aufstellung der Bilanz dürfen nur unzweifel=
haft gute Ausstände für voll angenommen werden, zweifelhafte
Ausstände werden angemessen reducirt oder nur innerhalb Falzes
aufgeführt.

§ 35. Bei Aufstellung des Inventars sind:
1. die Anlagekosten für Immobilien, Maschinen und Geräth=
schaften in ihrem auf den resp. Conti laufenden Betrag einzu=
rechnen, und zwar sind Hauptreparaturen und bedeutendere An=
schaffungen dabei diesen Conti zuvor zu belasten, während laufende
Reparaturen und kleinere Anschaffungen als Jahresbaukosten zu
betrachten sind, und unter den Administrationsaufwand fallen;
2. das Rohmaterial zum Ankaufspreis und falls dieser

höher wäre, als der laufende, der niederste laufende Preis anzusetzen;

3. fertige und in Arbeit befindliche Fabrikate zu bloßem Kostenpreise anzusetzen, und jedenfalls nicht höher als 10% unter dem niedersten Verkaufswerthe.

Von der auf diesen Grundlagen sich ergebenden Summe sind abzurechnen:
  a) die Jahresunkosten und Passiven sammt Zinsen,
     sodann sind:
  b) an dem Conto für Maschinen und Geräthe . . . 7%
     weitere Mobilien 4%
     endlich an dem Gebäude Conto (incl. Wasserbauten) 2% des jeweiligen Conto-Betrages in so lange abzuschreiben, bis die gedachten Gegenstände auf ihren Materialwerth reducirt sein werden.
  c) Die Tantiemen der Angestellten, welche denselben in Folge ihrer Dienst-Verträge zustehen.

Der hiernach verbleibende Ueberschuß ist unter die Actionäre verhältnißmäßig zu vertheilen, so weit nicht die General-Versammlung auf Antrag des Aufsichtsrathes eine gewisse Quote desselben, einem zu bildenden Reservefond zuweisen wird.

Auflösung der Gesellschaft.

§ 36. Die Auflösung der Gesellschaft tritt ein:

1) nach Ablauf der in § 3 für ihre Dauer festgesetzten Zeit, wenn die General-Versammlung vor dem Eintritt dieses Termins nicht ein Anderes beschließt.

2) In Folge statutenmäßigen Beschlusses einer General-Versammlung.

Die General-Versammlung bestimmt in diesem Falle die Form der Auflösung, und die Theilung des Gesellschafts-Vermögens erfolgt alsdann nach vorheriger Befriedigung aller Gesellschaftsgläubiger unter die zur Zeit der Auflösung berechtigten Actionäre je nach Verhältniß ihres Actienbesitzes (§ 8 und 9).

Sollte sich bei der Vermögens-Vertheilung ein Ueberschuß über den Betrag aller 3 Kategorien von Actien ergeben, so ist solcher, falls bereits für eine oder mehrere der Werner'schen Anstalten das Recht der juristischen Persönlichkeit erworben sein wird, diesen juristischen Personen zuzuweisen; andern Falls der Ueberschuß zur Erwerbung der juristischen Persönlichkeit für eine der Werner'schen Anstalten zu verwenden.

Verfahren bei Streitigkeiten.

§ 37. Etwaige Streitigkeiten zwischen den Organen der Gesellschaft werden durch ein Schiedsgericht erledigt, und ist gegen dessen Urtheil keinerlei Rechtsmittel zulässig. Jeder der streitenden Theile wählt Einen Schiedsrichter, welcher nicht Actionär sein darf. Die Schiedsrichter unter sich wählen einen Obmann. Unter Leitung des Obmannes sind die Differenzen nach bestem Wissen zu verhandeln und zu entscheiden.

Können sich die Schiedsrichter innerhalb 8 Tagen über die Wahl des Obmannes nicht einigen, so soll das Handelsgericht in Reutlingen befugt sein, auf Anrufen der Partei die erforderliche Wahl nach seinem Ermessen vorzunehmen. Lehnt dieses aber das Ersuchen ab, so tritt die Competenz des ordentlichen Gerichtes ein.

§ 38. Denjenigen Besitzern von Actien, Lit. C., welche vor dem Tage des Eintrags des Vereins in das Handels-Register baare Einzahlungen geleistet haben, oder noch leisten werden, wird bis dahin vier Procent Zins hieraus vergütet. Den Actionären Lit. B. wird vom 1. Januar 1865 an bis zum Tage des Eintrags in das Handels-Register vier Procent Zins von ihrem Actienbetrag gut geschrieben und sobald es die verfügbaren Mittel zulassen, worüber der Aufsichtsrath zu erkennen hat, ausbezahlt.

Transitorische Bestimmungen.

§ 39. Bis zur nächsten ordentlichen General-Versammlung im August oder September 1867 besteht der Aufsichtsrath aus folgenden Mitgliedern:

1) v. Gültlingen, Freiherr Adolf, ritterschaftlicher Landtagsabgeordneter in Stuttgart, Präsident;
2) Zeller, Dr., Finanzrath, Landtagsabgeordneter in Stuttgart, Stellvertreter des Präsidenten; ꝛc. ꝛc.

und zwei Ersatzmännern.

Im Falle des Ablebens oder Austrittes eines dieser Mitglieder des Aufsichtsrathes während dieser Zeit kann sich derselbe aus der Zahl der Actionäre selbst ergänzen.